Autodisciplina

L'arte e la scienza della disciplina: come sviluppare autocontrollo, resistere alle tentazioni e raggiungere tutti i tuoi obiettivi

Vincenzo Colombo

Copyright 2020 – Vincenzo Colombo.

Tutti i diritti riservati.

SOMMARIO:

INTRODUZIONE — 3

COS'È L'AUTODISCIPLINA? — 8

PERCHÉ È IMPORTANTE SVILUPPARE L'AUTODISCIPLINA AL GIORNO D'OGGI? — 18

COSA CONDIZIONA IL COMPORTAMENTO UMANO? — 25

COME ACQUISIRE UNA MAGGIORE AUTODISCIPLINA — 37

I VANTAGGI DELL'AUTODISCIPLINA NELLA VITA PERSONALE E LAVORATIVA — 84

LETTURE CONSIGLIATE — 100

CONCLUSIONE — 108

L'AUTORE CONSIGLIA... — 112

PSICOLOGIA NERA: MANUALE DI PERSUASIONE AVANZATA E MANIPOLAZIONE MENTALE - COME COINVOLGERE, CONVINCERE E PERSUADERE (COMUNICAZIONE PERSUASIVA VOL. 2) — 115

Introduzione

"Il prezzo della disciplina è nulla rispetto al prezzo del rimpianto." - Robin Sharma

Quella bella fetta di torta al cioccolato è lì sul tavolo e sembra aspettare solo te: hai sempre avuto un debole per i dolci e forse è proprio questa la causa dei tuoi chili di troppo; ma questa volta la dovrai lasciare a qualcun'altro, perché proprio ieri hai preso una decisione ferma, irrevocabile ed hai scelto di metterti a dieta fino a quando non avrai recuperato il tuo peso forma ideale, costi quel che costi, dovessi rinunciare ai dessert ed ai cibi grassi per mesi e mesi. Certo, c'è da dire che questo proposito "ferreo" di riconquistare la linea si ripresenta ogni anno a scadenze regolari e, ad essere del tutto onesti, non riesci mai a rispettarlo per più di un paio di settimane. Come dici? Cosa sarà mai una piccola fetta di torta? Sei convinto che non sarà di certo questa la causa del fallimento della tua dieta? Ti sei tenuto leggero a pranzo mangiando solo verdure al vapore e gallette, un piccolo dessert ritieni di essertelo più che guadagnato, di potertelo concedere: lo brucerai allenandoti più intensamente durante la prossima settimana. Ne sei sicuro? Nella stringente dieta che avevi promesso di seguire, era contemplata la torta al cioccolato?

Alla fine hai ceduto e ti sei mangiato la fetta di torta. Ed alla dieta penserai domani, dopo domani...oppure il mese prossimo!

Ti sembra una scena famigliare? Quante volte, magari in coincidenza con l'inizio del nuovo anno, hai stilato una lunga lista di buoni propositi ed obiettivi che poi non sei riuscito a rispettare? Mettersi a dieta, iscriversi in palestra (e poi andarci sul serio), essere più produttivo sul lavoro, svegliarsi prima la mattina, leggere qualcuno dei libri accatastati sul comodino: sono molti i cambiamenti positivi che vorresti apportare alla tua vita per migliorarla. Nel momento in cui prendi questi impegni con te stesso ti sentiamo incredibilmente motivato e perfettamente in grado di portarli a termine con successo, ma ti accorgi, poco tempo dopo, di non avere la forza di volontà e la costanza necessarie per riuscire ad ottenere il benché minimo risultato.

Ogni nuovo inizio è caratterizzato da grinta, speranza e determinazione, che puntualmente finiscono accantonate all'angolo alla prima difficoltà, sommerse da scuse e giustificazioni, che affastelli per difenderti e perdonarti per il tuo fallimento: "non ho tempo", "il lavoro mi stressa", "la famiglia mi prosciuga tutte le energie", "in questo periodo mi sento stanco", "non è il momento giusto", eccetera. Le conosci tutte: le hai sentite tante volte, sia dagli altri che da te stesso. La tua forza d'animo e la tua determinazione sembrano sostenerti solo fino ad una vaga pianificazione teorica del da farsi e niente altro: fare una lista degli obiettivi o un programma di cose da fare è facile, mentre cambiare concretamente le tue abitudini di una vita, eliminandole e sostituendole con altre attività, più faticose ed impegnative anche se molto più gratificanti, appare ai tuoi occhi come un'impresa decisamente troppo ardua da realizzare, se non impossibile.

Non disperarti, non sei il solo a provare questa sensazione di impotenza e di frustrazione: quella di non riuscire a perseguire con costanza e con efficacia i propri obiettivi personali è una condizione piuttosto comune e che caratterizza la maggior parte delle persone; capita di frequente ed a tutti di sentirsi incatenati alle proprie abitudini ed alle proprie debolezze, ai propri piccoli piaceri quotidiani, ai propri riti.

Ma una soluzione c'è, anche se non è affatto a buon mercato: sviluppare la propria autodisciplina, imparando a controllare i propri istinti, le proprie emozioni e le proprie debolezze, in ogni momento della giornata ed in qualsiasi situazione ci troviamo, con lo scopo di acquisire la giusta forza di volontà necessaria per portare a termine con successo i propri progetti personali, anche quando richiedano molto tempo, una forte determinazione ed una grande abnegazione. Il potenziamento dell'autodisciplina non è un obiettivo ad appannaggio di maestri di arti marziali asiatici o di saggi monaci eremiti che vivono isolati sulle montagne: chiunque può dare inizio ad un percorso di crescita personale volto all'acquisizione di un maggior controllo di sé.

Non pensiamo ad esercizi sfiancanti ed estremi o a cambiamenti radicali ed eccentrici: la via verso l'autocontrollo e la disciplina è percorribile da ognuno di noi e non presuppone alcuna dote innata, scelta di vita drastica o vocazione, permettendoci di mantenere fondamentalmente intatto il nostro stile di vita precedente; l'obiettivo è quello eliminare o trasformare tutto ciò che riteniamo dannoso o poco costruttivo ai fini della nostra realizzazione personale ed del raggiungimento dei nostri desideri. I vantaggi dell'acquisizione di un maggiore autocontrollo sono molteplici e possono aiutarci nella gestione della nostra vita personale, famigliare, sociale e lavorativa, come anche della nostra salute ed il nostro benessere psicofisico, consentendoci di attuare appieno il nostro potenziale. Perché, allora, non cominciare a pensarci un po' su? La strada è lunga e complessa, ma chi ben comincia, seguendo i giusti consigli, è a metà dell'opera!

Cos'è l'autodisciplina?

"Il talento è per l'1% genio e per il 99% sudore." - Thomas Edison

Detto in poche parole, con autodisciplina intendiamo la capacità di rinunciare volontariamente ad una gratificazione o ad un piacere immediati in vista del raggiungimento di un obiettivo più alto e più importante nella nostra personale scala di valori; quindi differire o addirittura abolire il godimento di una sensazione positiva con l'obiettivo di ottenerne una maggiore o qualitativamente superiore in futuro. Essere persone autodisciplinate significa anche essere capaci di portare a termine un impegno mantenendosi costanti e concentrati nel corso del tempo, mostrando la capacità di non farsi condizionare dalle emozioni provate momentaneamente, siano esse positive o negative, e dallo stato d'animo che caratterizza la propria mente in un determinato frangente, come anche dalle tante distrazioni provenienti dal mondo esterno. Perfezionare la propria autodisciplina significa, quindi, acquisire un maggiore controllo di sé stessi, del proprio corpo e come della propria mente, per raggiungere con successo i propri scopi, piccoli o grandi che siano.

Durante il corso della giornata, capita molto spesso di non riuscire a resistere alle tentazioni che ci si presentano davanti, di non essere in grado di contrastare un impulso o un forte desiderio, di essere incapaci di controllare i nostri istinti, che sembrano, a volte, immuni alla nostra forza di volontà; anche se sappiamo per certo che alcuni comportamenti ci danneggeranno in futuro e comprometteranno le nostre possibilità di ottenere qualcosa, è difficile porsi un freno e combatterli con determinazione e costanza, soprattutto se si tratta di atteggiamenti acquisiti e poi consolidati nel corso di molti anni. Cinque minuti in più a letto dopo il suono della sveglia sembrano la cosa più piacevole del mondo quando siamo avvolti dal caldo delle coperte in una gelida mattina di inverno.

Ma siamo sicuri di poterceli permettere? O è necessario sacrificare altre attività, magari molto più importanti e significative, per poter godere di questo comfort momentaneo e fine a sé stesso? È oltremodo rilassante passare ore ed ore assorti sui social networks, non facendo nulla se non visualizzando passivamente carrellate di fotografie: ma, anche in questo caso, si tratta di un tempo ben speso? Non avremmo nulla di più costruttivo da fare? Questo modo di fare ci consente di essere sufficientemente produttivi? Il problema è che, il più delle volte, non destiniamo volontariamente una parte della giornata a queste attività ricreative, ma ne siamo letteralmente risucchiati ed ossessionati, facendo molta fatica a smettere anche quando sia assolutamente necessario dedicarsi ad altro. "Altri cinque minuti e poi smetto": lo dici, o te lo dici, molto spesso?

Il danno che ci infliggiamo quando ci concediamo di "sgarrare", di aggirare o posticipare i piani per la giornata, la dieta o il programma di allenamento è decisamente più ingente di quello che crediamo e non si limita alla "singola" attività non eseguita o rimandata: essere troppo indulgenti con noi stessi tenderà inevitabilmente a viziarci, a renderci sempre meno capaci di contrastare l'impulsività dei nostri istinti e dei nostri bisogni, che diventeranno sempre più impellenti; tutto ciò ci fa sì che diventiamo persone più pigre, più deboli ed in balia degli eventi interni come di quelli esterni.

La maggior parte di noi vive circondata da agi e comodità, cullata da routine monotone che lasciano poco spazio alle novità ed al miglioramento, come anche all'impegno ed alla dedizione: questo stile di vita tende, inesorabilmente, ad indebolire le nostre capacità di resistenza e di sacrificio. Molto spesso non ci sentiamo in grado di imprimere la benché minima svolta alla nostra esistenza, anche la più piccola ed insignificante: non perché non ne sentiamo la reale esigenza o non ne abbiamo intenzione, ma perché non possediamo sufficiente disciplina per farlo, anche se siamo più che motivati e convinti che sia un cambiamento che ci gioverebbe.

La ragione va individuata nel fatto che non abbiamo allenato a sufficienza, nel corso della nostra vita, la nostra forza di volontà e la nostra perseveranza. È per questo motivo che non è affatto semplice cambiare il proprio atteggiamento e le proprie abitudini: a volte anche i cambiamenti più banali ed insignificanti ci destabilizzano e sembrano impossibili da perseguire se non siamo abituati ad agire con determinazione e costanza, se non siamo sufficientemente forti per non rinunciare i nostri obiettivi quando si presenti la prima difficoltà. Anche una passione profonda ed una solida motivazione non sono elementi sufficienti a garantirci il raggiungimento dei propri scopi.

La verità è che, ormai da tempo, è stato sfatato il mito che con la passione, il talento e l'intuizione si possa arrivare al successo e che, possedendo un dono innato, non siano necessari l'impegno e la costanza per raggiungere il massimo livello nel proprio ambito d'interesse. La convinzione che si possa ottenere tutto quando si sia ispirati dal fuoco sacro dell'amore e della passione è solo un'idea romantica, nulla più. Solo chi ha un talento innato riesce a fare grandi cose? Nulla di più sbagliato. Anche i più grandi geni dell'umanità hanno dovuto fare i conti con il duro lavoro e con la dedizione; senza il sudore della fronte difficilmente si riesce ad ottenere qualcosa di veramente notevole. Molte persone individuano la causa dei propri insuccessi nella mancanza di capacità e talento, nell'assenza di quelle doti naturali che consentirebbero loro di avere soddisfazioni nel lavoro, negli hobbies, nello sport, nella vita di tutti i giorni: la verità è che il talento è solo una componente del successo, è una base, un'inclinazione o, se vogliamo, una facilitazione naturale. Il successo, quello vero, stabile e duraturo, arride solo a chi riesca a perseguire con costanza e dedizione i propri obiettivi: le doti naturali sono, al più, solo un punto di partenza; possono, certamente, costituire un grande aiuto ed una notevole spinta iniziale, ma non sono tutto. La mancanza di autodisciplina ci potrebbe costare, infatti, la piena realizzazione del nostro potenziale, delle nostre qualità e delle nostre doti innate anche quando queste siano notevoli e promettenti: la realizzazione personale poggia proprio sulla capacità di mettere a frutto le proprie attitudini naturali.

Nulla è scritto nel destino, o nel corredo genetico: possiamo ottenere ciò che vogliamo, naturalmente entro certi limiti realistici, facendo appello alla nostra perseveranza ed alla nostra forza di volontà. L'autodisciplina si differenzia in maniera profonda e sostanziale dalla disciplina in senso stretto, quella impartita da un soggetto esterno, dall'educazione che ci viene imposta sin dall'infanzia o dalle regole di comportamento civile che siamo tenuti obbligatoriamente a rispettare in ogni contesto, dalla disciplina propriamente detta, per come siamo sempre stati abituati ad intenderla da sempre.

Come si evince dalla parola stessa, l'autodisciplina è un qualcosa che noi decidiamo di imporci da soli, volontariamente, senza coercizioni da parte del mondo esterno e che quindi non presuppone una pressione sociale, un obbligo o una forzatura da parte di qualcuno che ci imponga cosa fare. È una scelta che decidiamo di compiere in maniera autonoma, libera e razionale, allo scopo di perseguire un nostro obiettivo o un nostro progetto. È la massima espressione della propria forza di volontà e della propria determinazione, che quindi presuppone un certo livello di maturità emotiva, di responsabilità e di lungimiranza. L'idea, radicata in molti, che la disciplina sia da intendere necessariamente come qualcosa di imposto dal di fuori è probabilmente uno degli ostacoli che riscontriamo, in età adulta, quando tentiamo di acquisire un maggior controllo su noi stessi: siamo abituati al fatto che le costrizioni e le forzature debbano provenire dal mondo esterno, dagli altri, dalla società e non siamo, quindi, abituati ad imporci autonomamente delle regole, una struttura di comportamento ferrea da forgiare in maniera del tutto volontaria.

Tutto lo spazio che riusciamo a ricavare al di fuori delle regole e delle costrizioni che ci sono imposte, siamo abituati a considerarlo come il regno della assoluta libertà e del caos. L'educazione e le abitudini imposteci sin dall'infanzia sono state acquisite in maniera talmente profonda e radicale da essere molto difficili da scardinare, mentre, al contempo, imporci anche la più piccola delle restrizioni o delle regole sembra un'impresa titanica. Indubbiamente modificare il proprio comportamento ed il proprio atteggiamento in età adulta può rappresentare una sfida notevole, decisamente impegnativa: i bambini sono incredibilmente più malleabili e recettivi ed è molto più semplice sviluppare abitudini e capacità durante l'infanzia; per questo è raccomandabile iniziare a suonare uno strumento o a praticare uno sport sin dalla più tenera età. Ma cambiare il proprio atteggiamento da adulti è quindi impossibile? Ciò che non abbiamo fatto prima, lo abbiamo perso per sempre? Assolutamente no! Costa più fatica, certo, ma è possibile se sappiamo come farlo e siamo sufficientemente motivati

"Io mi impegno molto, ma non vedo i minimi risultati!". Ti riconosci in questa frase? Magari quando la dici le persone che ti conoscono ti prendono un po' in giro, considerandola la solita scusa. In realtà è molto frequente, e probabile, che ad un effettivo duro impegno non seguano i risultati in cui speriamo. Il motivo è che, purtroppo, la determinazione da sola non è affatto sufficiente: è necessario che la forza e la fatica che mettiamo nel fare qualunque cosa siano orientate e ragionate, disciplinate per l'appunto. Non basta semplicemente "spomparsi" qualche giorno a settimana, magari solo quando ne abbiamo voglia, per ottenere un risultato: quando manca un disciplinamento complessivo della nostra vita e del nostro atteggiamento è particolarmente difficile raggiungere i propri traguardi.

L'autodisciplina, infatti, è qualcosa che coinvolge la nostra esistenza a 360 gradi, non un tour de force da mettere in atto quando capita. È un percorso ampio che va a toccare tutti ogni aspetto della nostra esistenza, da portare avanti con costanza e dedizione nel corso del tempo; non possiamo sperare di ottenere un ferreo controllo su noi stessi se non partendo dall'auto-osservazione, analizzandoci a fondo e sotto tutti gli aspetti.

La vita lavorativa non prescinde da quella personale, la vita sociale non prescinde dal nostro benessere psico-fisico, e così via. Insomma, autodisciplina non è semplicemente sinonimo di impegno: lo presuppone e lo richiede, certo, ma non si tratta esattamente della stessa cosa. L'autodisciplina è innanzitutto controllo, pianificazione e lungimiranza: è la costruzione di un atteggiamento positivo e costruttivo nel lungo tempo.

Non c'è alternativa: per garantirsi di avere le migliori chances di ottenere il meglio da noi stessi e mettere a frutto il nostro potenziale occorre che ci educhiamo alla perseveranza, alla costanza ed alla resistenza; non si tratta di cambiamenti che avvengono da un giorno all'altro, non possiamo pensare di trasformarci istantaneamente da persone sedentarie e routinarie in atletici avventurieri: il trucco è procedere con gradualità, andare piano, ma senza fermarsi e scoraggiarsi mai. È altresì importante, una volta individuato il percorso da compiere, andare per la propria strada incuranti delle distrazioni e della negatività che può trasmetterci chi cerca di dissuaderci dal nostro intento: come abbiamo già detto, siamo solo noi a sapere cosa è bene per noi stessi e per la nostra realizzazione. È difficile non farsi condizionare o resistere alla tentazione di cercare la strada più semplice, magari in una vita statica e convenzionale, di omologarsi alla società e fare i propri i desideri e le ambizioni delle persone che ci circondano; ma siamo disposti al correre il rischio di provare, presto o tardi, la sensazione di aver sprecato la nostra vita?

Perché è importante sviluppare l'autodisciplina al giorno d'oggi?

"La disciplina è il ponte tra l'obiettivo e il risultato". - Jim Rohn

Ognuno di noi è sottoposto, quotidianamente, ad un martellamento continuo da parte di input diversi provenienti dal mondo esterno: complici gli strumenti tecnologici, che rendono praticamente istantaneo lo scambio di informazioni e di dati, la nostra attenzione è sottoposta ad una sollecitazione costante da parte di innumerevoli stimoli che difficilmente riusciamo a filtrare e gestire con piena consapevolezza; di alcuni ne andiamo alla ricerca volontariamente, ad altri siamo soggetti passivamente addirittura contro la nostra volontà, come nel caso di pubblicità, banner, annunci o suggerimenti di acquisto che appaiono un po' ovunque mentre navighiamo sul web.

La giornata tipo di una persona del XXI secolo che vive in occidente è colma dei più svariati motivi di distrazione; alcuni sono piacevoli ed interessanti, non c'è che dire, ci permettono di rilassarci e di recuperare le energie e non è strettamente necessario che vi rinunciamo. Passare qualche momento della giornata guardando la TV o vagando su YouTube senza uno scopo preciso non ci impediranno di certo di condurre una vita ricca e piena di soddisfazioni: ciò che conta è essere in grado di porci i giusti limiti ed essere sempre in grado di smettere quando lo riteniamo opportuno.

La sovrabbondanza di sollecitazioni esterne e la continua stimolazione sensoriale possono addirittura portare ad una sorta di malsana assuefazione: lo constatiamo, purtroppo, nei bambini a cui viene permesso di usare liberamente i dispositivi elettronici che sembrano letteralmente risucchiati dallo schermo ed incapaci di sottrarsi all'attrazione totalizzante che esercitano sulla loro attenzione.

Gli adulti non sono meno colpiti dal problema: quante volte, partendo da una ricerca mirata sul web, ti ritrovi a visitare siti o visualizzare immagini che non hanno alcuna attinenza con ciò che stavi cercando; oppure quante volte ti ritrovi a perdere ore ed ore sui social network, su profili di persone che neanche conosci? Una volta entrati nel vortice della distrazione è dura uscirne fuori e riprendere in mano le attività di cui ti stavi occupando inizialmente con la stessa concentrazione.

Distrazioni continue di questo tipo ci conducono, inesorabilmente, alla confusione mentale ed all'incapacità di soffermarci con attenzione e concentrarci al massimo su un particolare impegno che siamo tenuti ad affrontare. Dobbiamo sempre tener presente che essere sottoposti ad una stimolazione continua, costituita da elementi eterogenei ed irrelati tra loro, e, soprattutto, non richiesta, rischia di prosciugare con il tempo la nostra capacità di concentrazione e le nostre energie mentali, senza che neanche che ce ne rendiamo conto; la ricezione continua di informazioni rischia di sviarci dai nostri scopi e di depotenziare la nostra capacità di focalizzarci su un determinato obiettivo.

La conseguenza nefasta di tutto questo sarà quella di trovarci in estrema difficoltà quando ci sarà richiesto di concentrarci, di mettere tutto il nostro impegno su un determinato compito, che magari, in fondo, è l'unico che di cui realmente ci importa qualcosa e che ha un valore significativo in relazione ai nostri progetti di vita.

Lo stile di vita tipico della società contemporanea, come abbiamo visto, rischia di impigrirci non solo a livello mentale, ma anche fisico. Non abbiamo mai goduto di tanti agi e comodità come oggi: la maggior parte delle persone è impegnata in lavori d'ufficio, sedentari e statici; è raro che durante il corso della giornata ci sia la reale esigenza di compiere una fatica fisica significativa.

Chi compie degli sforzi fisici o manuali sono solitamente quelle che persone che lo cercano volontariamente facendo sport o coltivando degli hobbies; e non sono molte. Di conseguenza è una condizione comune quella di adagiarsi, tendendo ad assumere uno stile di vita routinario e poco dinamico, limitato al compimento di quello che ci è indispensabile o che ci costa il minimo in termini di fatica e preoccupazione. Ma adottando questo modo di fare, non rischieremo di "sprecare" i vantaggi che ci offre lo stile di vita occidentale? Staremo forse trasformando delle garanzie e delle comodità in motivi di peggioramento e degradamento?

Spesso si sente dire che viviamo nell'epoca del multi-tasking: con un processo di adeguamento, piuttosto inquietante, ai moderni dispositivi elettronici, agli esseri umani contemporanei viene richiesto di saper fare contemporaneamente molte cose: come ciò possa essere possibile rimane un mistero, dal momento che la maggior parte delle persone non riesce a fare con impegno e concentrazione neanche una cosa alla volta.

La verità è che nell'epoca della velocità, anzi dell'istantaneità, spesso l'apparenza di efficienza e l'immagine della prestazione elevata risultano essere più importanti della sostanza. Le persone che si vantano di fare mille cose molto spesso sono le stesse che le fanno estremamente male, senza amore e passione e che spesso si ritrovano presto prosciugate e annientate dal proprio stile di vita frenetico.

L'autodisciplina ci consentirà, una volta visualizzati i nostri obiettivi, di calibrare al meglio le nostre energie, senza disperderle, al fine di impiegarle al meglio per perseguire ciò che realmente conta per noi. Spesso sono proprio l'ansia da prestazione e l'agitazione a farci sprecare le nostre migliori risorse, fisiche e mentali: la tranquillità psico-fisica è la più grande garanzia che abbiamo per mettere a frutto, pienamente, il nostro potenziale e le nostre qualità. Non bisogna avere paura del "non far niente", di dare tregua alla propria mente ed al proprio corpo: anzi, la capacità di non far niente e non pensare niente, al giorno d'oggi sottovalutata, è un elemento importantissimo per imparare a concentrarsi ed ottenere il meglio da sé stessi.

Assuefatti ad uno stile di vita che non è pensato per valorizzare a pieno le nostre capacità, le nostre doti, la nostra inventiva e non permettendo, quindi, che crescano e fioriscano rigogliosi, rischiamo di ridurci a meri spettatori degli eventi della nostra vita, che scorrono inesorabilmente senza che neanche ce ne rendiamo pienamente conto; per poi realizzare, magari durante la fatidica crisi di mezza età, di non aver messo a frutto tutto il nostro potenziale e di non aver fatto tutte le esperienze di vita che avremmo voluto. Il rimpianto è una delle sensazioni peggiori che si possono provare: come si dice, meglio avere rimorsi che rimpianti; rimandare sempre i propri progetti a data da destinarsi può rivelarsi un atteggiamento molto rischioso, in fondo sappiamo tutti che non vivremo in eterno!

Per sviluppare la tua forza di volontà ed assicurarti di impiegare al meglio la tua energia, ottenendo risultati certi e solidi, devi innanzitutto essere consapevole di alcuni dati riguardo al funzionamento della tua mente, quali siano i meccanismi che determinano e regolano le tue scelte, le tue sensazioni ed emozioni, al fine di poterle gestire nel migliore dei modi. Lo studio dell'essere umano e della sua mente rappresenta forse la sfida più significativa che le discipline scientifiche ed umanistiche si sono trovate ad affrontare. Durante la storia si sono susseguite scuole di pensiero molto diverse tra loro, sono state tratte conclusioni talvolta antitetiche tra loro e ancora oggi, nonostante i notevoli successi ed avanzamenti, brancoliamo nel buio riguardo molti aspetti.

Cosa condiziona il comportamento umano?

"È duro fallire, ma è ancora peggio non aver cercato di avere successo." - Theodore Roosevelt

Nel 1972, lo psicologo statunitense Walter Mischel, professore presso l'università di Stanford, ha condotto un famoso esperimento che ha come oggetto di ricerca l'autocontrollo, noto con il nome di "esperimento del marshmallow", le cui implicazioni continuano ad interessare la comunità scientifica ancora ai giorni nostri. In cosa consiste questo esperimento?

Mischel ha posto dinnanzi a diversi bambini, di età compresa tra i 3 ed i 7 anni, un dolce di loro gradimento, spiegando loro che, se fossero riusciti a resistere per più di 15 minuti alla tentazione di mangiarlo, ne avrebbero ricevuto un altro; a questo punto i bambini vengono lasciati soli in una stanza, seduti su una sedia e con la dolce tentazione posta su di un piatto proprio davanti a loro. Le scene che seguono sono tragicomiche! I poveri bambini le tentano tutte per cercare di distrarsi dall'istinto di afferrare il dolce e mangiarselo in un sol boccone: qualcuno canticchia una canzone, qualcuno si contorce vestiti e capelli, qualcuno si copre gli occhi con le mani: è veramente dura resistere! Solo un terzo dei piccoli partecipanti riuscirà a resistere all'impulso di mangiare subito il dolce in modo tale da ottenerne un secondo, mentre i restanti non mostreranno sufficiente autocontrollo per differire la gratificazione, preferendo, figurativamente parlando, l'uovo oggi alla gallina domani.

I risultati e le implicazioni più interessanti di questo esperimento risiedono nei suoi follow-up, che sono in corso di svolgimento al giorno d'oggi: i partecipanti all'esperimento sono stati sottoposti, in età adolescenziale e poi adulta, ad altre tipologie di test. L'intento del professor Mischel era, sin dall'inizio, quello di monitorare in cosa avrebbero differito, negli anni successivi, i tratti caratteriali ed i comportamenti dei bambini che hanno dimostrato una maggiore autodisciplina rispetto a quelli che non sono riusciti a resistere alla tentazione di mangiare il primo marshmallow.

I risultati sono stati rivelatori: i bambini che hanno dimostrato di sapersi controllare di fronte al dolce, sono gli stessi che in età scolare hanno ottenuto i migliori risultati ed in età adulta hanno ottenuto maggior successo per quanto riguarda la vita lavorativa e quella personale, mostrando una maggiore resistenza allo stress, una maggiore autostima e addirittura un indice di massa corporea inferiore. Quali conclusioni possiamo trarre da questi dati? Cosa ci insegnano sul comportamento umano ed in particolare sull'autodisciplina?

Questo esperimento sottolinea la grande importanza che riveste l'autodisciplina nelle nostre vite, una capacità che possiamo considerare garanzia di successo e realizzazione personale. Come abbiamo avuto modo di notare grazie ai risultati del test, solo una piccola parte dei bambini coinvolti nell'esperimento è riuscita a differire la propria gratificazione al fine di ottenere qualcosa in più, nonostante non si trattasse, in fondo, di un compito così gravoso ed arduo da portare a termine: anche sapendo che rinunciando ad una piccola tentazione avrebbero ottenuto qualcosa di significativamente più gratificante, non sono stati in grado di imporsi a loro stessi e combattere contro i propri impulsi immediati.

L'autodisciplina è una facoltà sulla quale occorre lavorare nel tempo, poiché solo pochissimi individui la possiedono, per così dire, in modo innato, ricevendola "in omaggio" con il proprio carattere. La capacità di controllare i propri impulsi istintivi risulta essere una chiave di volta per ottenere maggior successo nella vita, per pianificare al meglio le proprie azioni e valutare le situazioni in maniera critica e obbiettiva: qualunque sia la nostra condizione di partenza, non dobbiamo dubitare che, anche in età adulta, possiamo imparare a gestire i nostri impulsi nel migliore dei modi, attraverso quello che potremmo definire un vero e proprio addestramento, alla stregua di un percorso formativo o di un programma di allenamento. Qualcuno ha azzardato delle interessanti ipotesi sul fatto che la forza di volontà possa dipendere direttamente dalla prima educazione impartita ai bambini piccoli sin dalle fasi di allattamento e svezzamento e che quindi una maggiore autodisciplina sia attribuibile alla cultura di appartenenza o al tipo di educazione ricevuta.

È estremamente arduo fare generalizzazioni e venire a capo di questa questione: ogni epoca ed ogni cultura hanno elaborato le proprie "regole" sociali, il proprio codice comportamentale che gestisce la maniera con la quale ci rapportiamo alle nostre emozioni sia nel privato che in pubblico; questa impostazione la facciamo nostra sin dall'infanzia ed è estremamente difficile che venga meno nel corso degli anni. In linea di massima, è sempre molto difficile individuare una causa univoca alla base di un determinato tratto caratteriale, di un certo modo di porsi, di un atteggiamento ripetuto nel tempo; allo stesso modo risulta molto difficile stabile da cosa dipenda il possesso innato e naturale di un certo grado di autocontrollo e disciplina.

Possiamo comunque affermare, con un certo grado di sicurezza, che le azioni e le reazioni degli individui più impulsivi e meno capaci di controllarsi tendono ad essere gestite in maniera più decisa e preponderante dal sistema limbico, mentre quelle delle persone più controllate e disciplinate dalla corteccia prefrontale. Cosa significa? Quali elementi caratterizzano queste due differenti aree cerebrali? Il cervello umano reca con sé la traccia dell'evoluzione che ha contraddistinto la storia antropologica: la struttura cerebrale, difatti, risulta composta da più aree, che corrispondono a diversi strati evolutivi.

Va per la maggiore, al giorno d'oggi, la concezione secondo la quale dobbiamo intendere il cervello umano come organo trino: elaborata dallo scienziato Paul MacLean, la teoria del triune brain, si fonda sull'idea che il cervello si componga di tre diversi livelli: un cervello rettiliano, un cervello limbico ed un cervello neocorticale; ognuna di queste aree, composte a loro volta da più componenti, è deputata alla regolazione di una determinata funzione comportamentale. Il cervello rettiliano, come possiamo dedurre dal nome, è la componente più antica e che, per certi versi, condividiamo con molte altre specie animali: si tratta dell'area cerebrale responsabile del controllo degli istinti primordiali, quelli che regolano i bisogni fondamentali a garantirci la sopravvivenza, nostra e dell'intera specie. Il cervello limbico, detto anche cervello paleomammaliano, dal momento che caratterizza i mammiferi, occupa una posizione più avanzata sulla scala evolutiva: è il sistema cerebrale preposto al controllo delle emozioni e dei sentimenti e della loro espressione, sia negativi quali la rabbia e la paura, sia positivi come la gioia e l'amore. Infine, il cervello neocorticale include tutte le strutture cerebrali coinvolte nell'esercizio della razionalità, quindi, semplificando molto, in tutte quelle attività e capacità che distinguono l'uomo dagli altri animali: potremmo definirlo il vero cervello "pensante".

Quello che tentiamo di imporre alla nostra mente, o al nostro cervello, quando ci impegniamo a sviluppare la nostra autodisciplina è di conferire maggiore potere di controllo all'area razionale, quella evolutivamente più avanzata della corteccia prefrontale, che agisce in maniera più fredda, logica, distaccata rispetto al sistema emozionale regolato prevalentemente dal sistema limbico, che fa corrispondere ad uno stimolo una reazione immediata e poco ragionata, eredità genetica di un'epoca, ormai lontana, in cui la vita richiedeva decisioni fulminee ed istintive, se ci si voleva garantire la sopravvivenza.

Se volessimo fornire una chiave di lettura dell'esperimento del marshmallow avvalendoci di queste informazioni sul funzionamento del nostro cervello, potremmo affermare quanto segue: nei bambini che non hanno saputo trattenersi dall'afferrare il dolce per mangiarlo subito, il sistema limbico ha assunto il pieno controllo della situazione, scalzando e marginalizzando l'apporto del cervello neocorticale, il quale, dal canto suo, avrebbe imposto di differire la gratificazione in vista di un beneficio di gran lunga maggiore. Del perché questo accada, come abbiamo detto, è molto difficile darne conto. Lo studio della mente umana è una disciplina estremamente complessa: ci sono varie scuole di pensiero, la materia è estremamente complicata ed oggetto di dibattito da secoli.

Dalla psicologia, alla filosofia, all'antropologia: sono diverse le branche del sapere che si occupano del comportamento umano, tentando di capirne la logica, i fondamenti, scoprire in che misura possa essere modificato grazie alla forza di volontà, quali siano i fattori fondamentali che lo condizionano, quanto spazio dovremmo attribuire alla genetica e quanto all'ambiente, al contesto sociale, alle esperienze. Ciò che possiamo affermare con relativa sicurezza è che ognuno di noi, come tutte le altre specie animali, è dotato, dalla nascita, di istinti innati, che la natura ci ha fornito per provvedere alle nostre esigenze di sopravvivenza e di un bagaglio genetico che ci rende unici rispetto agli altri esseri umani. Con il progresso della civiltà, tutti noi abbiamo imparato a domare e gestire, entro una certa misura, i nostri impulsi primari: questo ci ha consentito di costruire civiltà organizzate ed evolute, di perseguire obiettivi che non si limitino al mero procacciamento del cibo e alla ricerca di partner sessuali.

Certo, questa repressione sistematica degli impulsi naturali spesso ci presenta il conto in maniera problematica: è il cosiddetto disagio della civiltà, come diceva Freud, che può palesarsi in maniera indiretta attraverso svariate forme, anche patologiche. Non andiamo di certo in giro per la città brandendo una clava e rubando il cibo dalle mani dei passanti, tuttavia la maggior parte di noi indugia molto di frequente in comportamenti ed attività basse e poco edificanti, anche se, per così dire, socialmente accettate. Anche nel condurre uno stile di vita pigro e sedentario noi stiamo assecondando i nostri istinti ed i nostri piaceri più immediati e più banali; ci limitiamo ad evitare con attenzione tutti quei comportamenti socialmente inaccettabili, ma non reprimiamo molti di quegli atteggiamenti che sappiamo essere inutili o peggio nocivi, in primis per noi stessi e per chi ci è più vicino.

Possedere un maggiore controllo dei nostri istinti, vuol dire avere uno strumento fondamentale per ambire a realizzare scopi ed obiettivi molto più alti ed importanti. L'ottenimento della libertà di poter vivere uno stile di vita tranquillo e d agiato è, se vogliamo, un lusso che la nostra civiltà ha raggiunto con fatica: di certo non preferiremmo dover avere a che fare, quotidianamente, con belve feroci, guerre o situazioni che mettono in pericolo costante la nostra vita.

Tuttavia, è importante impegnarsi per rendere questo privilegio un reale beneficio, non trasformandolo, addirittura, in un fardello ed in una condanna alla pigrizia, fisica e mentale. Così come abbiamo fatto passi in avanti incredibili rispetto ai nostri antenati che vivevano seminudi nelle caverne, possiamo ambire a migliorare noi stessi attraverso nuove capacità, attingendo con intelligenza e metodo alle nostre potenzialità naturali.

Abbiamo visto come un maggiore autocontrollo abbia garantito ai bambini dell'esperimento di ottenere maggiori successi e gratificazione dalla vita: così come abbiamo imparato ogni giorno a reprimere molti dei nostri istinti di base, possiamo ambire ad acquisire un controllo sempre più stringente sui nostri impulsi involontari, in modo che ogni nostra azione sia sottoposta al vigile esame della razionalità.

La nostra mente è uno strumento estremamente potente e la maggior parte di noi ignora le sue reali potenzialità: sopraffatti ed assuefatti dalle abitudini quotidiane, raramente ci sentiamo spronati ad esplorare le nostre reali capacità, a porci degli obiettivi sempre più alti ed ambiziosi, sia mentali che fisici. Si sente dire spesso che gli esseri umani utilizzino solo il 10/20% delle potenzialità del proprio cervello: naturalmente non siamo in grado in quantificare in maniera così precisa questo dato, quella di fornire una percentuale rischia di essere un'eccessiva semplificazione. Ciò che è comprovato ed innegabile è che, se non sottoposta alle opportune stimolazioni, la nostra mente tende inesorabilmente a rilassarsi ed il passare del tempo rischia di peggiorare la situazione: è per questo che alle persone anziane si suggerisce di mantenersi sempre attivi per evitare lo sviluppo di patologie quali la demenza o l'Alzheimer, mentalmente ancora prima che fisicamente.

Come tutti gli animali, gli esseri umani sono chiamati a soddisfare alcuni bisogni fondamentali: ma a differenza delle altre specie l'essere umano è composto da istinto e razionalità: è questo a differenzialo dagli altri animali. La nostra mente è in grado di tenere a freno gli istinti, differire l'ottenimento del piacere, pianificare le azioni. Oltre che ad un maggiore controllo degli istinti, gli esseri umani hanno, nel corso della storia, sviluppato e coltivato una serie di motivazioni e di scopi più alti rispetto al mero soddisfacimento delle esigenze fisiologiche: ogni cultura, ogni epoca ed ogni singolo essere umano coltiva le proprie aspirazioni, i propri desideri, i propri progetti di vita.

Spesso, però, la nostra volontà e la nostra determinazione non risultano all'altezza dei nostri desideri e delle nostre ambizioni. Se la tua motivazione e la tua forza di volontà non risultano sufficienti per guidarti verso la realizzazione de tuoi progetti avrai bisogno di sviluppare una maggiore autodisciplina. Non temere: differire o negarsi il godimento di un piacere, fisico o mentale che sia, non ha lo scopo di sopprimere la nostra componente istintuale e passionale. Vi sono molti orientamenti filosofico-religiosi che fanno della totale estirpazione dei desideri il proprio obiettivo ultimo: non è ciò di cui si occupa, per come la stiamo intendendo, l'autodisciplina. Al contrario, ciò che tramite l'ottenimento dell'autodisciplina e dell'autocontrollo si vuole ottenere è il soddisfacimento di quelle che sono le passioni più alte, più nobili o semplicemente, di quelle a cui teniamo di più e che sappiamo possono darci una soddisfazione di gran lunga maggiore rispetto ai piccoli piaceri quotidiani.

Come acquisire una maggiore autodisciplina

"Non c'è vento favorevole per colui che non sa dove andare" - Lucio Anneo Seneca

Sono in molti a credere che l'autodisciplina sia una sorta di dote innata, che sia il risultato di una ben precisa disposizione caratteriale e che la capacità di controllarsi e disciplinarsi sia una qualità che non si possa sviluppare nel corso della propria vita, soprattutto in età adulta: o ce l'hai o non ce l'hai! Le cose, in realtà, non stanno affatto così: l'autocontrollo e la forza di volontà sono due facoltà che possiamo allenare e che possiamo migliorare attraverso un training mirato, proprio come se fossero dei muscoli del corpo.

Gli inizi, si sa, sono sempre ostici e frustranti, a volte addirittura demoralizzanti: vediamo tutta la strada da compiere davanti a noi, una strada in salita che non ci permette di distinguere chiaramente la meta finale per cui stiamo faticando. Da cosa cominciare quando si brancola nel buio più totale? Come uscire dalla routine quotidiana e cominciare a migliorare la propria vita? Da un'analisi approfondita e critica di sé stessi e delle proprie mancanze. L'adagio socratico, che ha attraversato dall'epoca della Grecia classica tutti secoli della storia umana, è più che mai valido anche ai giorni nostri: inutile preoccuparsi del mondo esterno e delle altre persone se non conosciamo, in primo luogo, noi stessi.

Imparare a conoscere sé stessi

Avere a disposizione una strategia vincente per il successo si rivelerà inutile se non abbiamo un preciso obiettivo da raggiungere, è evidente. Magari sei una persona sedentaria, con un lavoro monotono e senza prospettive, non coltivi interessi o hobbies e ti va bene così, sei sereno ed in pace con te stesso e non cambieresti nulla della tua vita, per niente al mondo. Che diritto hanno gli altri per giudicare? Ognuno è libero di condurre lo stile di vita che desidera, nessuno dovrebbe preoccuparsi di quello che pensano le altre persone.

Quello verso l'autodisciplina è un percorso faticoso e complesso, che necessita di dedizione, impegno e costanza; è quindi rivolto a tutte quelle persone che sentono un profondo bisogno di apportare cambiamenti sostanziali e drastici alla propria vita personale, a chi si senta imprigionato nella propria routine e nei propri limiti e senta il bisogno di cominciare un percorso nuovo, che lo conduca verso la realizzazione dei propri obiettivi. L'autodisciplina è una via percorribile solo da chi abbia la giusta motivazione, da chi voglia che la propria vita prenda un'altra direzione, da chi si senta stretto nella propria quotidianità ed ambisca, ardentemente, ad altro. In fondo sarebbe inutile diventare persone disciplinate e produttive se non abbiamo alcuno scopo prefissato: sarebbe come girare, faticosamente, a vuoto. Buona parte delle persone coltiva dentro di sé dei sogni, dei desideri, delle speranze: che siano quelli che ci accompagnano sin dalla più tenera età oppure nuovi progetti frutto di un recente e fulmineo lampo di genio, tutti, solitamente, desideriamo ardentemente qualcosa.

Il primo passo per realizzarti è riconoscere, accettare e valorizzarle i tuoi desideri, per quanto possano sembrare impossibili da raggiungere oppure in contrasto con il tuo attuale stile di vita! Sei un manager di una grande azienda ma il tuo sogno è essere un maestro di tango? Sei mamma di cinque figli ma vuoi iniziare l'università? Accetta con serenità il tuo desiderio, evitando decisioni azzardate dettate dall'istinto, ma pianificando con calma e razionalità quale possa essere una soluzione realistica per ottenere ciò che vuoi. Il primo passo per raggiungere il risultato sperato? Capire quello che vuoi, essendo sempre sincero ed onesto con te stesso. Molte persone vivono vite che, in fondo, non sentono affatto come proprie: intrappolate in una carriera che si sono viste imporre dalla famiglia, costrette a trascorrere il proprio tempo libero svolgendo attività che pianificano altri, forzate ad assumere un atteggiamento che sentono imposto dall'esterno. Il primo passo per imprimere una vera svolta alla nostra esistenza è quello di capire cosa vogliamo davvero per noi stessi, senza condizionamenti esterni e senza pressioni da parte di famiglia, amici o della cerchia sociale alla quale apparteniamo.

Spesso una profonda insoddisfazione si cela in persone apparentemente realizzate, della cui felicità e realizzazione non dubiteremmo, per lo meno fermandoci ad un'analisi superficiale. Al contrario di quello che saremmo tentati di credere molto spesso sono proprio le persone che hanno ottenuto un maggiore successo nella vita a sentirsi schiacciate da una routine opprimente che non sentono la propria, non riuscendo a liberarsi dal tran-tran quotidiano che è consolidato nel corso degli anni e che prosciuga tutte le loro energie vitali. Abituate solo a compiacere gli altri ed a dare il massimo solo dal punto di vista lavorativo o scolastico, molte persone perdono, con il tempo, il contatto con loro stesse, allontanandosi da ciò che davvero desiderano: riprendere le redini della propria vita, a quel punto, è un'impresa ardua, ma grazie all'acquisizione di un maggiore controllo di sé stessi e delle proprie emozioni, è sempre possibile imprimere una svolta decisiva alla propria esistenza.

A volte non è semplice cercare dentro noi stessi quali siano i nostri desideri più autentici, poiché sotterrati e dimenticati nel corso degli anni, scalzati dalla routine, dagli impegni o dal desiderio di compiacere qualcuno: potrebbe essere necessario un lungo periodo di tempo di transizione prima di tornare a sentire la propria autentica voce interiore. Magari ti senti infelice, giù di corda o insoddisfatto, ma non ne capisci neanche il perché e non sai cosa potrebbe farti sentire meglio: in questi casi è difficile ottenere delle risposte immediate da te stesso che possano orientare ed illuminare il percorso da compiere. Potresti cominciare, in questi casi, dall'occuparti di aspetti più semplici: acquisire abitudini più sane, tenere la tua casa o il tuo ufficio più in ordine, fare più sport, leggere di più. La specificità e la delimitazione sono garanzie di successo: cominciamo dalle piccole cose, che magari non saranno dei veri e propri sogni, per acquisire la giusta grinta e determinazione per esplorare dentro te stesso e risalire alle tue reali volontà e ambizioni, sopite dall'abitudine e dagli anni trascorsi a vivere una vita che forse non era poi la tua.

Per raggiungere la felicità e la serenità è fondamentale imparare ad ascoltare sé stessi e la propria voce interiore: sforzati, giorno dopo giorno, ad avere sempre chiaro, nella mente e nel cuore, quello che vuoi e quello che desideri, non limitarti a compiacere gli altri. Questo non vuol dire diventare delle persone egoiste ed incuranti del prossimo, ma degli individui che, giustamente e legittimamente, pensano al proprio benessere, non dando per scontano di dover porre quello degli altri sempre davanti al proprio. Nei limiti dell'educazione e del buon senso, forzati ad esprimerti, a manifestare il tuo disappunto o la tua contrarietà: sentiti sempre libero di dire quello che pensi e di mettere in chiaro quello che vuoi. Questo atteggiamento ti farà acquisire, con il passare del tempo, un sempre maggiore contatto con te stesso e con le tue emozioni.

Prima di iniziare un percorso volto all'ottenimento di una maggiore autodisciplina, è importante capire quali siano gli scopi che vogliamo raggiungere e per i quali siamo disposti ad investire energie e fare rinunce: per lo meno in una fase iniziale, non avrebbe senso focalizzarsi su una moltitudine di progetti differenti tra loro; al contrario, è meglio stilare una lista ragionata di quali siano gli obiettivi più importanti in un determinato momento, sui quali riversare tutta la nostra energia: è importante che siano, dunque, obiettivi particolarmente motivanti, su cui concentrarsi totalmente, in modo da non disperdere la nostra energia e la nostra concentrazione. D'altronde chi troppo vuole nulla stringe! Come vedremo in seguito, quanto più un obiettivo è preciso e delimitato tanto più sarà semplice perseguirlo, ottenendo risultato tangibili e rapidi.

Esaminarsi in modo critico

Una delle principali cause di fallimento è quella di essere troppo indulgenti con sé stessi, perdonandosi tutti i propri difetti e le proprie mancanze. Mettiamoci, metaforicamente, davanti ad uno specchio e sottoponiamo noi stessi con le nostre abitudini, i nostri tratti caratteriali ed i nostri comportamenti ad un esame critico, severo e rigoroso; focalizziamo la nostra attenzione sui nostri difetti e sulle nostre mancanze e valutiamo quanto sia ingente l'impatto negativo che hanno sulla nostra realizzazione personale e sul raggiungimento dei nostri obiettivi. Pensiamo, allora, a tutto ciò che dovremmo o vorremmo migliorare di noi stessi, senza fare appello a giustificazioni, scuse o attenuanti, come abbiamo, sicuramente, già fatto in precedenza.

Giudicarsi impietosamente può costituire una delle più forti motivazioni per prendere in mano la nostra vita e decidere di fare dei cambiamenti drastici. Ti piace quello che sei diventato? Sei soddisfatto di te steso? Ci sono degli aspetti della tua personalità che sarebbe opportuno che tu cambiassi? Il tuo modo di fare è sempre adeguato in ogni occasione? Dovrai essere tu stesso il tuo critico più pedante ed inflessibile, non devi aspettarti che qualcun'altro ti indichi la via per il tuo miglioramento: solo tu sai cosa sia meglio per te stesso. O meglio, non dobbiamo di certo rigettare l'aiuto che ci viene offerto: i suggerimenti, soprattutto se provengono da chi ci vuole bene e tiene a noi, possono costituire un aiuto di grande importanza; molto spesso guardarci con gli occhi degli altri può essere l'unica chiave per ottenere un giudizio realmente oggettivo di noi stessi.

Al contempo, però, non devi dimenticare che sei solo tu ad avere la piena responsabilità di te stesso e delle tue scelte: se fallirai non avrai la possibilità di incolpare nessun'altro. È necessario, allora, individuare con obiettività quali siano i tuoi difetti, le tue abitudini più nocive, le tue paure e le tue debolezze: cominciamo dal decostruire, dal frammentare la tua routine quotidiana, mattone dopo mattone, azione dopo azione, decidendo cosa lasciare e cosa rimuovere, cos'è funzionale al raggiungimento di ciò che vuoi e cosa no; con calma, giorno dopo giorno, provvederai a rimpiazzarli con nuove abitudini, nuovi atteggiamenti, nuove attività. Gli esseri umani, si sa, tendono a guardare la pagliuzza negli occhi degli altri, trascurando la trave nei propri: criticare e giudicare gli altri è incredibilmente più semplice rispetto ad osservare sé stessi con spirito oggettivo.

Eppure, essere capaci di autocritica, di guardare ai propri difetti con positività e con una certa dose di ironia, è una delle caratteristiche fondamentali delle persone di successo, di chi non smette mai di imparare dai propri errori e dalle proprie debolezze. È importante valutare noi stessi in reazione al prossimo ed al mondo che ci circonda: esaminiamo i nostri comportamenti, le nostre azioni e reazioni nei confronti degli altri: siamo sempre adeguati? Ci facciamo prendere dall'emozione del momento, rischiando di compromettere le nostre relazioni? Oltre all'intelligenza logica, nella vita è fondamentale sviluppare la propria intelligenza emotiva, ed imparare a comportarsi nella maniera più adeguata e consapevole quando siamo con altre persone, gestendo al meglio le proprie emozioni e riconoscendo quelle altrui.

La capacità di fare autocritica, dunque, si configura come un elemento imprescindibile in un percorso di crescita personale sano e positivo: tuttavia, bisogna stare molto attenti a non eccedere, rischiando di diventare eccessivamente critici e pedanti nei confronti di sé stessi. Molte persone, in effetti, tendono ad assumersi molte più colpe di quelle che effettivamente hanno, giudicandosi sempre inadeguate e valutando il proprio operato sempre come insufficiente. La virtù sta nel mezzo: assumiti le tue responsabilità, ma senza attribuirti colpe o difetti che non hai realmente, non caricarti il peso del mondo intero sulle tue spalle. Una volta individuata una mancanza, un'inadeguatezza nel proprio modo di fare è importante sempre porsi in maniera costruttiva: non lasciarti andare a piagnistei o ad una sterile autocommiserazione, ma agisci sempre positivamente, con l'obiettivo di imparare dai tuoi errori, facendone sempre una nuova occasione di crescita e di miglioramento.

Cosa puoi fare concretamente per diventare più autocritico? Sprona gli altri (familiari, colleghi o amici) a dire apertamente e sinceramente quello che pensano di te e del tuo operato, non offendendoti in caso di critiche ma, al contrario, sforzandoti sempre di accogliere positivamente i commenti costruttivi. Agisci in modo tale da mettere sempre in dubbio l'opportunità e la legittimità dei tuoi comportamenti: combatti quella tendenza naturale ad andare sulla difensiva ed a giustificarti quando ricevi delle critiche e sforzati di accoglierle in modo positivo, considerandole come una buona opportunità di miglioramento. Non dare sempre per scontato che gli altri abbiamo sempre torto, mettiti quanto più possibile in discussione! Quando pensiamo ai nostri problemi, ai nostri insuccessi, alle nostre mancanze, tendiamo, il più delle volte, ad incolpare gli altri: la famiglia, il partner, l'ambiente in cui siamo cresciuti, il capo a lavoro; sono sempre gli altri a mozzarci le ali ed impedirci di spiccare il volo! Attribuire la colpa agli altri è un escamotage per evitare di assumersi la responsabilità delle proprie azioni:

focalizzati su te stesso e su quello che puoi fare nel concreto, non pensare al mondo esterno, e, anche se vi sono effettivamente delle colpe da parte di qualcuno, affronta la cosa con lucidità e procedi dritto per la tua strada, senza rimuginarci troppo o serbare rancore.

Stilare una lista degli obiettivi

Sembra un'operazione facile, da nulla, che tutti possono compiere senza pensarci troppo e senza dover seguire regole particolari; in realtà anche stilare una lista ragionata dei propri obiettivi può costituire una sfida non indifferente, in quanto richiede il rispetto di un certo criterio. Immaginiamo di avere davanti a noi un foglio sul quale mettere nero su bianco i nostri desideri più importanti, quelli a cui teniamo di più: scrivere semplicemente "voglio essere felice" aiuterà a determinare una strategia realistica per migliorare la propria vita? Sicuramente no, dal momento che si tratta di un'intenzione troppo vaga e generica per essere tradotta in una serie di abitudini quotidiane, in una strategia, in un progetto di cui possiamo valutare i risultati nel breve tempo. Soprattutto nelle prime fasi è estremamente utile pensare in "piccolo", resistere alla tentazione di volere tutto e subito, concentrandoci, al contrario, su obiettivi quantificabili, gestibili e che possiamo integrare in maniera più agevole e da subito alla nostra routine quotidiana.

Dobbiamo sempre essere in grado di valutare con quanta più precisione possibile la percentuale di completamento dei nostri obiettivi: sarà arduo farlo se ci siamo posti degli obiettivi troppo generici. Sarà molto più proficuo stilare una lista, un programma di impegni molto più limitati e circoscritti: cerchiamo allora di delineare una strategia giornaliera di incombenza precisa, di quelle che, a fine giornata, saremmo in grado di spuntare su di un elenco. Vuoi essere più produttivo nel lavoro? Vuoi andare a letto tranquillo sapendo di aver dato, ogni giorno, il meglio di te? Allora non limitarti a desiderare semplicemente di essere più produttivo e performante, ma decidi quali siano, nel dettaglio, i tuoi obiettivi specifici. Sei uno scrittore o un giornalista? Imposta un quantitativo tassativo di parole che ogni giorno devi buttare giu. Sono 3000? A fine giornata saprai con assoluta certezza se tu sia o meno riuscito in questa impresa: molto più utile rispetto ad un generico "voglio scrivere di più".

Il tuo obiettivo principale è migliorare nello sport? Vuoi riacquistare la tua forma fisica? Anche il proposito "voglio rimettermi in forma" rischia di configurarsi come un obiettivo troppo ampio e non caratterizzato da un contenuto abbastanza preciso e delimitato: a fine giornata non saremo affatto in grado di dire a noi stessi se abbiamo fatto o meno quello che ci eravamo preposti. È meglio preferire impegni del tipo: "voglio riuscire a correre 10 minuti ogni mattina", "voglio dedicare 2 ore alla settimana al workout", "voglio andare a passeggiare dopo cena". Con il tempo, la forma fisica verrà da sé! Non limitarti ad un generico "voglio fare più movimento": stila un elenco molto dettagliato di attività precise da compiere ogni giorno, magari avvalendoti del supporto di un professionista. Non hai scampo: a fine giornata le avrai fatte oppure no, non c'è una via di mezzo. Certo, magari inizialmente potresti farle male e controvoglia, ma questo è un altro discorso! A questo scopo, è possibile prendere in prestito uno dei sistemi utilizzato nell'ambito della gestione aziendale, il cosiddetto metodo SMART: si tratta di una tecnica che possiamo usare da subito per imparare a stilare una lista di obiettivi realistici e realizzabili, che si prestano ad essere opportunamente controllati e monitorati nel corso del tempo. Analizziamo l'acronimo:

S: Specifico

M: Misurabile

A: Raggiungibile (achievable in inglese)

R: Realistico

T: Temporizzabile

Stiliamo una lista di obiettivi che rispettino, per quanto possibile, queste caratteristiche. In primo luogo, è fondamentale che non siano troppo vaghi o generici: quanto più riusciremo ad essere precisi e selettivi con i nostri scopi, tanto più sarà probabile riuscire ad ottenere ciò che vogliamo nel breve tempo. È importante poi che sia possibile quantificare, sin dall'inizio, i nostri progressi; naturalmente non tutto si presta ad essere espresso in termini numerici, una cosa è voler aumentare il numero di trazioni giornaliere, una cosa è voler aumentare la nostra capacità di suonare uno strumento. Quello che possiamo fare in questi casi è monitorare il tempo che dedichiamo, giorno dopo giorno, ad una determinata attività, oppure le volte che eseguiamo un'azione: sarà più difficile quantificare il progresso effettivo, ma possiamo tener traccia del tempo che dedichiamo all'attività. Per non correre il rischio di rimanere eccessivamente delusi da risultati che si collocano molto al di sotto delle proprie aspettative, è importante che i propri obiettivi vengano calibrati sulle effettive e reali capacità del momento, che siano dunque realistici; soprattutto nelle prime fasi il nostro corpo e la nostra mente potrebbero non essere in grado di portare a termine con successo tutte le sfide che sottoponiamo loro: è importante non esagerare, tenendo sempre conto dell'esigenza fisiologica del riposo e del recupero. Infine, è fondamentale preoccuparsi di stabilire sempre una data precisa, una scadenza entro la quale impegnarsi a portare a termine il nostro obiettivo: in fondo, come diceva Walt Disney, la differenza tra un sogno ed un obiettivo è una data!

Andare a letto la sera avendo la consapevolezza di aver portato a termine con successo un determinato risultato ci darà la giusta motivazione per affrontare il giorno successivo con la carica necessaria a fare ancora meglio. Al contrario, se non siamo riusciti a portare a termine tutti i nostri obiettivi nella maniera che avremmo voluto, grazie ad una lista sapremo con certezza cosa è stato fatto e cosa no, garantendoci di poter agire in maniera mirata e costruttiva: potrebbe sembrare sciocco o superfluo, ma non sottovalutare mai l'importanza di avere una lista con le voci da spuntare!

Imparare ad eliminare il superfluo

Al fine di iniziare nella maniera più costruttiva possibile un percorso di auto-miglioramento è necessario essere realisti e non essere tentati dal coltivare false speranze: non hai, e non avrai mai, l'energia sufficiente per fare tutto e farlo bene. Non esistono superuomini o superdonne, è illusorio pensare di poter eccellere in ogni campo ed avere la mente sufficientemente lucida ed un corpo abbastanza forte da poter gestire una mole sconfinata di impegni ed incombenze quotidiani. Dobbiamo necessariamente operare delle decisioni e siamo chiamati continuamente ad escludere molte attività dalla nostra vita, al fine di poter perseguire con maggiore impegno ciò che ci interessa davvero ed a cui attribuiamo un valore superiore.

È una questione di priorità: durante il corso della giornata la nostra attenzione è richiamata, a volte fuorviata o addirittura stremata da infiniti input esterni, ai quali ci rivolgiamo continuamente ma distrattamente; ciò che invece noi vogliamo ottenere è totalmente diverso, è addirittura l'opposto: essere capaci di una concentrazione intensa che si rivolga solo ed esclusivamente a ciò che è davvero importante per noi, al fine di poter sempre visualizzare con attenzione e perseguire con costanza il nostro obiettivo. Negli ultimi anni stiamo assistendo all'affermazione della "moda" del minimalismo: se fai una veloce ricerca sul web, troverai moltissimi esempi di come, al giorno d'oggi, liberarsi degli oggetti inutili ed imparare a farne a meno si stiano sempre più definendo come delle esigenze fondamentali, sia pratica che, soprattutto, esistenziale. Viviamo in una società consumista, siamo bombardati da pubblicità, offerte, sconti, suggerimenti per gli acquisti, e spesso ci ritroviamo a tornare a casa con una ventina di buste, quando eravamo usciti solo per comprare il pane. Le nostre case strabordano, letteralmente, di oggetti di dubbia utilità che non abbiamo mai utilizzato e mai utilizzeremo: attrezzature per lo sport, kit per il fai-da-te, attrezzi da giardino, abiti che non ci piacciono o non ci stanno. Quanti di questi oggetti utilizziamo davvero? Può capitare di arrivare ad un punto in cui si senta la necessità di fare pulizia intorno a sé, limitandosi a lasciare solo quello che è davvero strettamente necessario.

Purtroppo, non è sufficiente disfarsi degli oggetti inutili per liberare la propria mente da tutto ciò che superfluo: preoccupazioni, pensieri negativi, ansie inutili, paure o addirittura fobie. Certo, il minimalismo costituisce indubbiamente una buona pratica ed un ottimo punto di partenza, ma ciò che conta davvero per diventare delle persone autodisciplinate è imparare ad escludere dalla nostra vita attività, impegni o preoccupazioni di cui riteniamo di potere, anzi di dovere, fare a meno. Avere uno stile di vita "minimale" può essere di aiuto, ma per raggiungere il vero equilibrio dobbiamo guardare a molte altre cose. È importante che la nostra mente sia sgomberata da tutto ciò che non riteniamo fondamentale al raggiungimento del nostro obiettivo: l'autodisciplina è un percorso ostico e faticoso, ed avere dei fardelli, dei pesi morti sulle proprie spalle è il modo peggiore per dare inizio ad un percorso di cambiamento interiore. Il che può concretizzarsi in molte cose: dover allontanare delle persone nocive, educarsi a non rimuginare su questioni del passato, o anche perdonare qualcuno, liberandosi della rabbia e del rancore.

È importante anche imparare a fare a meno di tutte quelle attività inutili o addirittura nocive, alle quali spesso dedichiamo molte ore delle nostre giornate; questo non vuol dire non potersi concedere distrazioni o divertimenti, ma essere in grado di organizzare la propria routine quotidiana in modo tale che queste non tolgano spazio alle attività più importanti. Decidiamo quale debba essere il tempo concesso ad attività ricreative, come uscire con gli amici, stare sui social, guardare la televisione e impegniamoci, ogni giorno, ad attenerci a questo piano. Cosa possiamo fare nel concreto per imparare a dare il giusto spazio ad ogni attività e, di conseguenza, organizzarci sempre al meglio? Al fine di avere sempre chiare nella mente le proprie priorità, può essere utile stilare una lista delle cosiddette MIT (*most important tasks*, ovvero un elenco dei nostri obiettivi più importanti): non si tratta di mera lista di cose da fare, ma di un elenco degli obiettivi a cui più teniamo in assoluto e che hanno una maggiore priorità sulle altre attività; non tutti i giorni saremo in grado di dedicare il tempo e le energie che vorremmo e dovremmo ai nostri scopi, tuttavia è utile averli sempre a mente quando ci dedichiamo alle incombenze quotidiane, in modo da aver sempre chiari i nostri obiettivi e porre sempre tutte le nostre attività su una scala di importanza.

Come abbiamo già detto, viviamo in un'epoca caratterizzata da una sovrabbondanza di stimoli non richiesti: pubblicità, social networks, distrazioni di ogni tipo: è importante che impariamo a mantenere la nostra concentrazione, senza isolarci dal mondo ma acquisendo la capacità di filtrare opportunamente ciò che riteniamo superfluo o addirittura dannoso. Il nostro tempo è prezioso, si tratta del bene più importante che possediamo: permettere che qualcosa lo prosciughi potrebbe compromettere fatalmente le nostre possibilità di ottenere dalla vita ciò che veramente vogliamo.

Uscire dalla propria *comfort zone,* la zona di comfort

Ciò che è noto, ciò che è famigliare e sa di casa ci dà conforto e sicurezza. È bello avere un luogo sicuro, ideale o metaforico, al quale fare ritorno quando la vita ci mette di fronte a delle difficoltà ed abbiamo bisogno di un porto sicuro al quale approdare per recuperare il nostro benessere, il nostro equilibrio e tornare in forze. È importante, però, resistere alla tentazione di ripiegare nella propria zona di comfort ogni qualvolta la vita ci ponga una sfida impegnativa: bisogna sviluppare la capacità di affrontare con fermezza e determinazione le difficoltà, sapendo fermarci quando siamo stremati, ma mettendo sempre tutti noi stessi e tutte le nostre forze quando affrontiamo una situazione difficile. Le caratteristiche caratteriali giocano un ruolo importante nel determinare il nostro atteggiamento nei confronti dei problemi e delle sfide, non c'è dubbio: tuttavia possiamo affermare che, come regola generale, gli esseri umani tendono a preferire una vita fatta di certezze, di continuità e di routine collaudate. E questo va benissimo: abbiamo già detto che la capacità di acquisire abitudini ed automatismi sia fondamentale per agire in maniera sempre più spontanea e faticare sempre meno per attuare compiti e incombenze; tuttavia è importante sempre tener presente che rimanere vittime della propria routine, non riuscendo a prescinderne neanche quando ce ne sia la reale necessità, può essere un grande limite per la nostra realizzazione personale.

La vita ci sottopone a sfide che spesso non riusciamo a prevedere: imprevisti, novità, cambiamenti repentini, anche problemi e difficoltà. Ogni vita è diversa dall'altra ed è sempre arduo fare generalizzazioni quando parliamo di psicologia e di comportamento umano: ognuno di noi trova gioia, piacere e conforto in cose diverse, tant'è che a volte facciamo fatica a comprendere come qualcuno possa trovare piacevole una determinata attività, che noi troviamo insopportabile. C'è chi non può rinunciare al caffè mattutino al bar, chi non si alza dal letto prima di aver controllato i propri social, chi deve fumare una sigaretta dopo ogni pasto. Sono tutte ritualità che sorreggono la nostra quotidianità e che ci donano un senso di calma e tranquillità quando e mettiamo in atto. Ma cosa succede se ce ne facciamo a meno?

Come abbiamo già visto, imparare a rinunciare ai piaceri inutili e superflui, o addirittura dannosi (come il fumo o un'alimentazione sbagliata) è uno dei primi passi per sviluppare una maggiore forza di volontà. Prova a privarti di uno dei tuoi rituali quotidiani: cosa accade? Inizialmente sarai confuso, turbato, nervoso, magari sarai di cattivo umore per tutta la giornata. È proprio per questo che occorre liberarsene: non dobbiamo permettere che vi siano azioni, tanto più se sono nocive, imprescindibili per garantire la nostra stabilità emotiva e mentale. È necessario, per essere veramente liberi e forti, rinunciare a qualsiasi tipo di dipendenza, anche a quelle apparentemente più innocue ed insignificanti.

Non si tratta solo di alcol, droga o adrenalina: sono tante le assuefazioni che possono condizionarci notevolmente la vita, incatenandoci in routine che non lasciano spazio alla liberazione della nostra energia vitale e della nostra iniziativa. Dipendenze affettive, automatismi insensati, opinioni rigide e statiche: sono molti i vincoli che possono condizionare la nostra esistenza. Come liberarsene? Non è necessario sconvolgere la propria vita da cima a fondo, rinunciando di punto in bianco a tutte le nostre abitudini: tuttavia, passo dopo passo, è indispensabile affacciarsi fuori e fare capolino dalla propria personale comfort zone, ovvero quella bolla di benessere che tutti si costruiscono intorno a sé e fuori dalla quale si ha difficoltà a muoversi ed interagire. Ognuno, nel corso della sua vita, forgia la sua: una determinata cerchia di persone, un preciso atteggiamento nei confronti degli altri, un metodo di fare le cose (giusto o sbagliato che sia).

Anche le persone vitali, dinamiche ed apparentemente sicure di sé si possono rivelare goffe e spaventate se sottratte alla propria cerchia e alla propria routine: magari sono dei veri e propri portenti quando si tratta di affrontare una difficile discussione sul lavoro, o reggono perfettamente la tensione anche nei momenti più stressanti, ma si sentono totalmente fuori luogo ed a disagio quando devono giocare con dei bambini piccoli! Giorno dopo giorno, allora, è fondamentale forzarsi per uscire gradualmente dalla propria zona di confort e affrontando ciò che ci angoscia, ci spaventa o semplicemente ci fa sentire a disagio: è importante mettersi alla prova cercando volontariamente situazioni difficili o anomale, per imparare a controllare le proprie reazioni ed a gestire le proprie emozioni negative.

Solo quando saremo padroni di noi stessi in ogni circostanza che la vita ci presenta, potremo dirci liberi e realmente disciplinati. Spingiamoci ogni giorno un passo più in là, sempre vigili sulle nostre emozioni e le nostre reazioni psico-fisiche, sempre con convinzione ed entusiasmo: non cedere all'istinto di scappare, di differire i problemi, di rimandarli a data da destinarsi o sotterrarli in modo che siano lontano dagli occhi e lontani dal cuore. Bisogna al contrario combattere l'istinto di fuggire le situazioni problematiche e di disagio, cercando conforto in ciò che sappiamo sicuro e familiare. Naturalmente non occorre agire in maniera incauta, scaraventandoci volontariamente in situazioni che non siamo in grado di gestire o che potrebbero avere conseguenze nocive o addirittura pericolose: è sufficiente procedere con gradualità, non rinunciando mai al buon senso ed alla calma.

Non forziamoci a dire di sì a qualsiasi cosa solo perché vogliamo provare cose nuove: non è necessario passare da una vita sedentaria ad una vita spericolata! Se il massimo di attività fisica che caratterizza la tua vita è una passeggiata in bici al mese nel tuo quartiere, forse dovresti rinunciare, per il momento, all'idea di scalare una montagna! Sono diverse le tecniche che potremmo adottare per educarci, passo dopo passo, ad affrontare situazioni di disagio o di difficoltà. Uno dei possibili stratagemmi che potremmo mettere in atto per abituarci ad uscire gradualmente dalla nostra routine, spronandoci ad affrontare la novità ed a guardare il mondo da una prospettiva differente è la famosa "tecnica del mancino" che consiste nel cercare di usare la mano non dominante (la destra per i mancini, la sinistra per i destrorsi) per svolgere le attività quotidiane. Lavarsi i denti, scrivere, cucinare: cerchiamo, nei limiti del possibile e senza rischiare di fare danni, di imporci l'utilizzo della mano che solitamente teniamo a riposo, in modo da spingere il nostro cervello a riconfigurare l'azione e svincolarla dall'automatismo che, solitamente, la caratterizza. Modificare piccoli aspetti della nostra routine ci consentirà di uscire dalla nostra comfort zone in maniera graduale, senza troppi traumi. Questo esercizio ci sprona a cambiare prospettiva ed a porci delle piccole sfide quotidiane, contribuendo così a farci essere preparati per affrontare quelle più ardue.

Creare nuove abitudini quotidiane

L'essere umano è un animale abitudinario: può sembrare di primo impatto un attributo piuttosto degradante, eppure buona parte delle nostre azioni quotidiane si caratterizzano come mera reiterazione di comportamenti acquisiti in precedenza e riprodotti ciclicamente, quasi in automatico. È proprio questo il punto di partenza sul quale dobbiamo cominciare ad agire per modificare la nostra routine quotidiana: cambiare le nostre abitudini. Possiamo considerarle come dei programmi installati nel nostro cervello che ci consentono di automatizzare certi comportamenti per poterci concentrare su altro; se ci pensiamo, è una grande fortuna che l'essere umano abbia sviluppato questa capacità: pensa se dovessimo prestare la massima attenzione ad ogni nostra azione, se dovessimo sempre avvalerci della nostra totale concentrazione per svolgere una qualsiasi attività quotidiana, dal lavarci la faccia a guidare l'auto, o se dovessimo concentrarci attivamente per muovere ogni singolo muscolo facciale coinvolto nell'espressione di un'emozione. Sarebbe impensabile: riusciremmo a portare a termine pochissime attività prima di ritrovarci sfiniti, mentalmente e fisicamente.

Al contempo, però, dobbiamo sempre essere pienamente consapevoli del grande potere delle abitudini, sia positivo che negativo: l'abitudinarietà può rivelarsi un fardello, una condanna che condiziona in maniera negativa la nostra vita. Dobbiamo essere in grado di riconoscere se una determinata abitudine ci apporti benefici oppure danni, se sia positiva oppure negativa e, nel caso la consideriamo nociva e dannosa, dobbiamo avere la forza di rinunciarci, eradicandola dalla nostra vita. Non si tratta di rinunciare alla propria personalità, alle proprie credenze o al proprio stile di vita, ma di accantonare tutto ciò che nuoce al raggiungimento della nostra realizzazione ed alla nostra felicità, riuscendo in questo modo a non essere più in balia di abitudini negative o dannose, solo apparentemente gratificanti e soddisfacenti ma che con il tempo ci indeboliscono e rendono schiavi della nostra routine. La strada da percorrere sembra indubbiamente lunga e complessa: sono decenni che ci comportiamo sempre allo stesso modo. Sarà troppo faticoso cambiare? Saremo in grado di fronteggiare una sfida simile? Quella di cambiare le proprie abitudini non è un'impresa impossibile: così come sono state acquisite è possibile accantonarle e svilupparne di altre.

Le abitudini sono estremamente difficili da abbandonare: ma così come lo sono quelle negative, lo saranno, una volta acquisite, quelle positive e costruttive: una volta adottate, con pazienza e costanza, sarà un gioco da ragazzi consolidarle e mantenerle nel corso del tempo. Dobbiamo sforzarci di acquisire abitudini positive in modo tale che ad una certa attività venga automaticamente assegnato uno spazio insopprimibile nel corso della propria routine giornaliera: sviluppare questo automatismo renderà estremamente più semplice ed immediata l'attuazione di qualsiasi attività, anche la più gravosa, noiosa o disagevole. Il primo allenamento in palestra sarà incalcolabilmente più faticoso rispetto a quelli del mese successivo, il primo giorno di dieta sarà il più duro di tutti, così come il primo giorno di qualsiasi attività impegnativa sarà più arduo rispetto ai successivi: gli inizi sono sempre ostici, ma se vi impegnate ad essere costanti per un certo lasso di tempo, vi accorgerete che, una volta acquisito un automatismo, tutto si rivelerà incredibilmente più semplice ed immediato e ogni azione vi richiederà un quantitativo di energie incredibilmente inferiore rispetto ai primi tempi. Ma quale meccanismo psicologico riscontriamo alla base dell'acquisizione di una certa abitudine? Come lavora il nostro cervello per acquisirle? Quali processi mentali risultano coinvolti? Sono domande a cui molti scienziati hanno tentato di dare risposta negli anni, dal momento che l'abitudine è uno degli aspetti fondamentali che regola il comportamento umano, come anche quello animale. Ciò che sappiamo è che l'*habit loop*, ovvero il rito dell'abitudine, si caratterizza come un ciclo a tre fasi:

1) Il segnale, ovvero la presenza degli elementi che stimolano ed innescano l'attivazione di un determinato rito abituale;

2) La routine, ovvero la vera e propria attuazione di una determinata abitudine;
3) La gratificazione, ovvero il senso di benessere che segue l'attuazione di un rito abituale.

L'abitudine viene definita come una risposta comportamentale immediata ed automatica ad un determinato stimolo, che viene sviluppata grazie alla ripetizione del suddetto comportamento, quindi ci abituiamo a fare qualcosa ripetendola, reiterandola nel corso del tempo: il nostro cervello acquisirà questo comportamento e lo metterà in atto quando capterà determinati segnali, facendolo seguire da una sensazione di sollievo. Certo, in teoria sembra tutto estremamente semplice e lineare, ma come iniziare a costruire, nel concreto, abitudini positive? Il trucco è presto detto: iniziare gradualmente dalle piccole cose, anche quelle che apparentemente sembrano le più insignificanti e non collegate direttamente ai nostri obiettivi principali. Si può cominciare, ad esempio, imponendosi di portare a termine dei piccoli obiettivi quotidiani: creare delle sane abitudini ci aiuterà a sviluppare un maggiore controllo su noi stessi e potenziare la nostra forza di volontà e la nostra autostima. Rifare il letto la mattina, bere almeno 2 litri di acqua al giorno, imporsi di concentrarsi su una singola cosa per 5 minuti, evitare di consultare i propri profili social ogni 10 minuti: si tratta di piccoli impegni che prendiamo con noi stessi, magari facendo delle brevi liste e assicurandoci, alla fine della giornata, di averli portati tutti a compimento.

La gradualità e la costanza sono le armi segrete per forgiare nuove abitudini: una possibilità da prendere in considerazione per iniziare con calma, passo dopo passo, a fare proprie nuove pratiche ed integrarle alla propria routine quotidiana, può essere la celebre "tecnica dei 30 giorni". Questo "trucco" consiste nell'impegnarsi a rispettare una nuova abitudine, iniziando con un periodo "di prova" di soli 30 giorni: la consapevolezza che si tratti di un impegno limitato nel tempo, ci indurrà ad essere meno intimoriti dalla mole di fatica che dovremo impiegare. Al termine del periodo di 30 giorni, potremo poi decidere se mantenere o meno la nostra nuova buona abitudine. Fidati: arrivato al trentesimo giorno sarà più dura abbandonarla che mantenerla! Dopo un mese di reiterazione, qualunque comportamento viene assimilato e reso un automatismo.

La creazione ed il consolidamento di abitudini, infatti, rende più facile e leggera, addirittura piacevole, l'esecuzione di qualunque mansione, l'importante è cominciare con gradualità e determinazione. Spesso, il passo più difficile da compiere è solo il primo: siamo carichi, siamo motivati, vogliamo con tutto il cuore raggiungere un determinato risultato: eppure, manca sempre quella scintilla che fa concretamente partire tutto. Pianifichiamo il da farsi ma poi, da bravi procrastinatori, rimandiamo tutto, inesorabilmente, a data da destinarsi. A volte quello che manca è solo un piccolo stimolo iniziale, una piccola forzatura. Come uscire da questo circolo vizioso? Potremmo fare appello a qualcosa a cui siamo fin troppo abituati: le coercizioni, gli obblighi, provenienti dall'esterno. Si tratta della cosiddetta tecnica dello stimolo esterno, che consiste nell'architettare una serie di input che hanno la "forma", l'apparenza di obblighi, ai quali siamo più propensi, per abitudine, a prestare attenzione: iscriversi a dei corsi a pagamento, mettersi d'accordo con qualcuno per un programma di allenamento, impostare sveglie, promemoria, scadenze, segnare le deadlines sul calendario. Diamo ai progetti personali la stessa cogenza che caratterizza gli impegni lavorativi, scolastici o famigliari. Naturalmente si tratta di uno "stratagemma" iniziale, che può rivelarsi utile nelle prime fasi: l'obiettivo dell'autodisciplina è quello di trovare dentro sé stessi la motivazione necessaria a portare a termine tutti i propri obiettivi con costanza e dedizione.

Imparare a controllare le proprie emozioni ed i propri istinti

Essere autodisciplinati vuol dire non farsi condizionare e sopraffare dalle proprie emozioni: come abbiamo visto, ogni essere umano è costituito da una componente emotiva/istintiva e da una razionale. La storia della letteratura e della filosofia è ricca di immagini suggestive che simboleggiano questo problematico e spesso conflittuale rapporto tra i diversi elementi che costituiscono la mente umana: in molti hanno scritto del rapporto tra il cuore e la mente, tra l'istinto e la razionalità. Può capitare che le emozioni che proviamo ci mettano a disagio, che non si rivelino essere affatto in linea con ciò che pensiamo a livello razionale oppure con i nostri valori morali e con il tempo un'emozionalità incontrollata può rivelarsi un fardello che ci condiziona negativamente la vita.

Al fine di costruire un approccio più sano e costruttivo con la propria sfera emotiva, occorre innanzitutto accettare che le emozioni non dipendono da noi, non le forgiamo volontariamente, semplicemente le proviamo e noi questo non lo possiamo impedire in alcun modo: per questa ragione non ha senso che tu ti senta in colpa per quello che provi o che ti forzi di provare a comando determinate emozioni, è qualcosa che non puoi controllare. Quello che invece puoi fare è tentare di comprenderle e gestirle nella maniera più opportuna possibile. Non è una questione di maleducazione o di inadeguatezza: molte persone fanno molta fatica a calibrare le proprie reazioni, per una mera questione caratteriale: ti capita di arrabbiarti per un nonnulla e magari pentirti, successivamente, della tua reazione? A volte la tua emotività incontrollata rischia di rendere pesanti le situazioni? Hai reazioni particolarmente melodrammatiche che, quando ti calmi, ti mettono a disagio? Non tutti gestiscono nella maniera più adeguata la propria sfera emozionale, rischiando di essere, con il tempo, costretti a soffocare o reprimere le proprie emozioni, con conseguenze, molto spesso, nefaste! È importante ricercare un giusto equilibrio emozionale: una pratica utile per imparare a gestire al meglio la propria emotività è quella di differire quanto più possibile la reazione agli impulsi.

Quando proviamo un'emozione fermiamoci e concentriamoci intensamente su di essa: come prima cosa esaminiamola, indugiamo quanto più possibile nell'analizzarla interiormente, sentiamola fino in fondo, notando con attenzione il modo in cui modifica il nostro corpo, come incide sul nostro battito cardiaco, sulla nostra sudorazione, sull'espressività facciale. Se la sensazione che proviamo è particolarmente intensa e rischiamo di reagire in maniera eccessiva ed incontrollata, potremmo mettere in atto degli esercizi volti a calmare la nostra agitazione: concentriamoci sulla regolazione del nostro respiro, ad esempio. Solo alla fine, con quanta più calma possibile, esterniamo una reazione opportuna; il tempo che abbiamo posto tra l'emozione e la sua espressione avrà fatto sì che la nostra reazione sia quanto più calibrata ed adeguata possibile e soprattutto passata al vaglio della nostra razionalità e del nostro controllo cosciente. Se durante i primi tentativi i secondi appariranno interminabili e suderemo sette camicie per contrastare l'impulso ad esprimerci spontaneamente e reagire d'istinto, dopo un po' di pratica troveremo naturale attendere e concederci una pausa riflessiva prima di dare sfogo alle nostre emozioni. Questo atteggiamento sarà di grande giovamento sia alle nostre relazioni interpersonali sia a noi stessi: scopriremo, infatti, che molto spesso basta qualche secondo di riflessione in più per decidere che non vale la pena arrabbiarsi o fare scenate.

Controllare le proprie emozioni non significa neutralizzarle o inibirle: non dobbiamo aver paura di diventare dei robot insensibili incapaci di provare sensazioni e sentimenti umani; lo scopo è quello di far comunicare la nostra emotività con la nostra intelligenza, imparando a gestire ed esprimere le emozioni nella maniera più opportuna e costruttiva. Questa strategia, per così dire, "attendista" può rivelarsi estremamente utile anche per controllare un impulso che sappiamo essere sbagliato, nocivo o inutile. Anche tu, come Oscar Wilde, sai resistere a tutto fuorché alle tentazioni? Quante volte nel corso della giornata ti senti impotente di fronte all'impulso di fare qualcosa, anche se sai che ti danneggerà? Mangiare un altro snack poco salutare, passare altri 10 minuti sui social, rimandare un impegno importante: come affrontare questi impulsi apparentemente irrefrenabili? Come possiamo migliorare le nostre capacità di autocontrollo? Quali strategie possiamo utilizzare per educarci a non lasciarci travolgere dai nostri impulsi e diventare sempre più padroni di noi stessi? Anche in questi casi possiamo fare appello alla strategia dell'attesa: quando proviamo un impulso irrefrenabile, costringiamoci a fermarci e prendere tempo, stabiliamo di riservarci un certo numero di secondi per valutare con attenzione il nostro istinto. Possiamo, inoltre, abituarci gradualmente a far coincidere un determinato impulso che vogliamo rimuovere con una particolare distrazione che ci svierà dal "commettere" l'azione che vogliamo evitare a tutti i costi: ad esempio, cantare una canzone quando siamo tentati dal cibo spazzatura.

Non farsi buttare giù dai fallimenti

Errare è umano. Se tutti si arrendessero e rinunciassero dopo il primo fallimento, probabilmente l'umanità sarebbe ancora all'età della pietra! Soprattutto durante le prime fasi di un percorso di auto-miglioramento, non dobbiamo aspettarci dei risultati immediati; potrebbero tardare ad arrivare oppure essere molto al di sotto delle nostre aspettative. Davanti ad una delusione, non dobbiamo commettere l'errore di perderci d'animo e di essere tentati di mollare tutto, guardando al bicchiere mezzo vuoto. Come abbiamo ampiamente argomentato, l'autodisciplina è una capacità che si ottiene con il tempo e con fatica, è normale che, agli inizi, potremmo non essere in grado di tenere fede agli impegni che abbiamo preso con noi stessi.

Avere paura di sbagliare o di non ottenere subito quello che speriamo costituisce un grande ostacolo per vivere con serenità le sfide quotidiane e per avere la grinta necessaria ad affrontare ogni nuovo giorno. Uno stratagemma per non perdersi d'animo potrebbe essere quello di stilare, alla fine di ogni giornata, una lista di tutto ciò che abbiamo portato a termine con successo; anche se non avremo fatto quello che ci eravamo promessi, potremo comunque compiacerci dei risultati portati a casa. La strada per la realizzazione è lastricata di insuccessi: impariamo a vivere con positività i nostri errori, facendone sempre occasione di crescita. Quando qualcosa va male chiediamoci sempre il motivo e facciamo degli errori uno stimolo per imparare ed aggiustare il tiro della nostra strategia. Non è detto che il problema risieda nella nostra incapacità o nelle nostre debolezze: molto spesso è la stessa strategia ad essere sbagliata o poco adatta alle nostre inclinazioni. Possiamo avvalerci di consigli di amici o esperti e letture, ma l'elaborazione di un percorso di auto-miglioramento è, in ultima analisi, un'attività empirica, che ognuno dovrà delineare a partire dalla propria personalità e dalle proprie peculiarità.

Concedersi delle gratificazioni

Non possiamo pensare di abolire qualsiasi piacere e gratificazione dall'inizio di un percorso fino a quando non avremo raggiunto il nostro scopo; mettiamo il caso che il nostro obiettivo sia quello di eccellere in un determinato sport per arrivare a praticarlo a livello agonistico: di tratta di un progetto ambizioso, faticoso e, a prescindere da quanto ci impegnano, darà i propri frutti solo nel lungo periodo. Non possiamo pretendere da noi stessi di vivere privandoci di qualsiasi gratificazione fisica e mentale fino a quando non raggiungeremo il nostro obiettivo: è una prospettiva che ridurrebbe chiunque, anche il più motivati, a pezzi. È per questo che, al fine di pianificare una strategia vincente, soprattutto quando si è solo all'inizio del proprio percorso, occorre frammentare e scomporre il proprio progetto in tanti piccoli micro-impegni, in modo da tirare le somme, giudicarsi e, eventualmente, ricompensarsi dopo aver portato a termine ognuno di essi, con cadenza giornaliera, settimanale o mensile.

Apprezzarsi e gratificarsi dopo aver riportato un successo, costituisce un elemento di fondamentale importanza al fine di accrescere la propria autostima e la propria energia vitale: queste ci daranno la forza necessaria per affrontare con maggiore forza e convinzione le sfide successive. È, quindi, importante trovare un modo per gratificarsi dopo ogni sforzo, per creare un incentivo, uno sprono a fare sempre meglio ed a dare sempre di più. Oltre ad un indispensabile recupero delle energie e delle forze, fondamentale per essere sempre al massimo delle proprie capacità, è importante concederci periodicamente delle piccole gratificazioni, dei riconoscimenti che ci possiamo concedere come premio del duro lavoro svolto. In pedagogia e nella scienza dell'educazione si fa spesso riferimento al concetto di "rinforzo": quando un bambino compie un'azione corretta, per fare in modo che sia recepita come abitudine che non sia accantonata con il tempo, è importante che venga ricompensata con qualcosa di piacevole, che sia un giocattolo, una leccornia o semplicemente delle attenzioni in più. Far seguire ad un comportamento una gratificazione risulta essere una delle strategie vincenti per cementare una determinata buona abitudine. D'altronde è la prassi che si utilizza anche con gli animali domestici: ad una buona azione segue il biscottino o una carezza. Così come funziona per i bambini e per gli animali, può funzionare per i più grandi!

Quando sei particolarmente soddisfatto di te stesso e dei risultati che hai raggiunto, puoi concederti una gratificazione che ti ricompensi del duro lavoro fatto. Che sia una cena nel tuo ristorante preferito, un weekend fuori, una vacanza a cui pensi da tempo, un oggetto che desideravi acquistare, oppure semplicemente un momento di relax. I cosiddetti "rinforzi positivi" ti consentiranno di acquisire nel modo più immediato ed agevole le abitudini positive che vuoi apprendere. Certo, cerca di non esagerare e calibra sempre la ricompensa all'effettivo sforzo: concederti un'intera torta per premiarti dopo una breve sessione di esercizi, renderebbe vano l'allenamento stesso e sarebbe una gratificazione oltremodo sproporzionata!

Sviluppare la propria capacità di concentrazione

Abbiamo lasciato come ultimo il punto che, se proprio fossimo costretti a scegliere, dovremmo individuare, forse, come il più importante di tutti: la capacità di raggiungere e mantenere la concentrazione si costituisce come uno dei pilastri fondamentali in qualsiasi percorso di crescita personale. Non puoi ambire a sviluppare una maggiore autodisciplina se prima non impari a concentrarti profondamente ad a lungo sulle attività che decidi di svolgere, sulle tue emozioni, sui tuoi pensieri, come anche (e si tratta solo in apparenza un paradosso) sul nulla.

Abbiamo già detto di come le società in cui la maggior parte di noi si trova a vivere siano caratterizzate da una sorta frenesia, di impazienza, di stress cronico; notizie, notifiche, fretta, risultati immediati: è come se tutti i giorni fossimo sottoposti ad una continua pressione, ad un rumore di sottofondo costante che non ci lascia mai tranquilli e non ci permette di avere il giusto tempo di dedicarci con attenzione e calma alle nostre attività. Uno dei valori che la nostra società ci veicola continuamente tramite i mezzi di comunicazione è quello dell'istantaneità, dell'immediatezza, della velocità. Tutto può, anzi deve, essere ottenuto subito: risultati immediati, facilità d'uso, zero stress e zero pensieri, soddisfatti in 15 giorni o rimborsati! Sono i ritornelli tipici delle pubblicità. Tutto, allora, sembra che debba essere necessariamente facile, veloce, pratico, che ogni cosa debba filare liscia come l'olio. Siamo ormai abituati a pretendere risposte rapide e chiare: mai come oggi abbiamo avuto la possibilità di avere informazioni fulminee, svolgere con rapidità molte incombenze quotidiane.

Naturalmente nessun sognerebbe di negare gli incredibili benefici che tali possibilità tecnologiche ci hanno donato, tuttavia bisogna essere consapevoli che non tutto è ottenibile in questo modo: molti obiettivi potremo perseguirli solo attingendo alla costanza ed al duro lavoro. È importante, per venire a capo di questa agitazione e frettolosità cronica, imparare a staccare la spina: non nel senso di ritirarsi in sé stessi e chiamarsi fuori dal mondo e dai suoi problemi, ma imparando a vivere dentro la propria dimensione personale, riuscendo a mantenersi saldi ed ancorati a sé stessi, sempre centrati a prescindere di quello che accade al di fuori di noi. È necessario che la nostra mente sia educata opportunamente e non deve avere mai la possibilità di sottrarsi al nostro controllo e vagare liberamente ogni volta che vuole: quante volte durante la giornata ti trovi in preda di divagazioni che non riesci a controllare?

Non solo quando sei sdraiato a prendere il sole in spiaggia, assorto e con lo sguardo rivolto all'orizzonte, ma anche quando ti trovi in una situazione che richiederebbe la tua massima concentrazione e la tua presenza mentale; quante volte ti ritrovi a vagare in un labirinto di pensieri per nulla attinenti a ciò di cui ti stai occupando in un determinato momento? È necessario che ti alleni a mantenere ben salde le redini della tua mente. Un ottimo proposito: ma come fare? Da dove iniziare? Non è necessario che tu sottoponga ad un controllo rigido e serrato ogni singolo aspetto della tua vita o che tu costruisca intorno a te un ambiente asettico ed impersonale, nel quale non sia concessa la possibilità di concedersi dei momenti di libertà e relax: d'altronde sarebbe umanamente impossibile, con il tempo sfibrante e quindi controproducente.

Realisticamente, non è possibile mantenere la concentrazione in maniera continuativa nel corso di tutta la giornata: abbiamo bisogno di alternare momenti di impegno mentale intenso a momenti in cui ci lasciamo andare, concedendoci una pausa per rilassarci e recuperare le forze. In fondo la confusione è, per certi versi, la disposizione naturale della nostra mente, non possiamo eradicarla in maniera totale e definitiva: concediamoci sempre uno spazio per far vagare liberamente i nostri pensieri, in modo da essere sufficientemente. Tendiamo a non pensarci, o addirittura a non accettarlo, ma il nostro cervello è un organo come un altro e come fegato, cuore e reni ha bisogno di nutrimento, di riposo ed eventualmente di cure. Per garantirci sempre prestazioni ottimali ed ottenere il massimo delle performance in fatto di concentrazione è necessario occuparci del nostro benessere psico-fisico, alimentandoci in maniera sana ed equilibrata e assicurandoci un opportuno riposo quotidiano: a seconda dell'età e dello stile di vita, ognuno di noi è caratterizzato da un differente fabbisogno quotidiano di ore di sonno; è importante, per massimizzare le proprie capacità cognitive, garantire al nostro cervello, ed al nostro corpo, un riposo opportuno e soddisfacente. Vi sono molte tecniche e metodi di cui potremmo avvalerci per potenziare le nostre capacità di concentrazione, ognuno può sperimentarne diversi e trovare quella più adatto al proprio caso: non c'è una regola assoluta valida per tutti.

Qualcuno trae giovamento dal lavorare in un ambiente calmo e silenzioso, mettendo al bando qualsiasi distrazione e suono; altri, invece, riescono a trovare una concentrazione ottimale lasciando un rumore di sottofondo, come la musica o la TV, i rumori esterni. Ti suonerà piuttosto bizzarra come indicazione, ma è molto utile imparare a preoccuparsi in "maniera programmata". Ognuno di noi ha il suo personale fardello di matasse da sbrogliare, problemi difficili da risolvere, o addirittura irrisolvibili, ricordi negativi che ogni tanto ci fanno visita, preoccupazioni per il futuro: è normale, non possiamo pensare di sopprimere tutti questi pensieri e nemmeno forzarci ad ignorarli troppo a lungo. Ciò puoi fare affinché questa "negatività" non rischi di configurarsi come sottofondo costante delle tue giornate, impedendoti di mettere tutta la tua energia nelle tue attività, è ritagliarti, anche quotidianamente, uno spazio privo di altri impegni da riservare alle preoccupazioni, a rimuginare su qualcosa che non ti sconfinfera, a porti delle domande esistenziali, insomma tutto quello che non è propriamente costruttivo e configurabile come impegno produttivo. Il conferire uno spazio delimitato alla preoccupazione, addirittura all'ansia, ci permetterà di vivere in maniera più serena il resto del nostro tempo; certo, l'ideale sarebbe che non provassimo questo tipo di preoccupazioni e che ci mettessimo in moto per risolverle nel corso del tempo; in mancanza di alternative risulta comunque un buon compromesso per limitarne i danni che potrebbero infliggere quotidianamente alla nostra mente.

Come abbiamo visto, sono molti e vari gli aspetti da considerare quando iniziamo un percorso verso l'autodisciplina: ognuno forgerà il proprio su sé stesso, sulle sue caratteristiche e sui suoi obiettivi. Ogni individuo trae giovamento da metodi e tecniche diverse: soprattutto negli ultimi anni, per rispondere ad un bisogno pressante e profondo da parte di molte persone, si stanno diffondendo e stanno prendendo piede molte tecniche differenti che possono aiutare a trovare la propria dimensione e la propria armonia nel caotico mondo contemporaneo: la meditazione trascendentale, le tecniche mindfulness, le varie filosofie orientali, come anche metodologie più pragmatiche dall'apparenza più occidentale e scientifica. Il tuo obiettivo è quello di riuscire a districarti in questo groviglio di possibilità e trovare il percorso più adatto a te.

I vantaggi dell'autodisciplina nella vita personale e lavorativa

"La disciplina è la scelta di realizzare ciò che si vuole veramente, facendo le cose che non si vogliono fare." - John Maxwell

L'autodisciplina per diventare persone più autorevoli

Sviluppare la propria autodisciplina rappresenta una delle chiavi di volta per proiettare intorno a sé un'immagine di sicurezza e di determinazione: se la tua ambizione è quella di ottenere una maggiore autorevolezza è necessario che, in primo luogo, ti impegni ad ottenere un maggiore controllo su te stesso, sulle tue emozioni e sulle tue azioni. Essere persone autorevoli è molto diverso da essere persone autoritarie: affinché gli altri ci considerino e conferiscano il giusto peso a ciò che diciamo e a ciò che facciamo, non è sufficiente essere persone rigide, severe o pedanti; questo servirà solo a suscitare insofferenza o, peggio, ad incutere timore nel nostro prossimo.

La coerenza ed il controllo di sé sono qualità fondamentale da possedere al fine di acquisire una maggiore credibilità e guadagnarsi il rispetto di chi ci sta di fronte: si tratta di caratteristiche particolarmente preziose da possedere per chi occupi una posizione di comando o di responsabilità. Un vero leader non dovrà, infatti, mai trovarsi in balia degli eventi esterni o delle proprie emozioni: se, in una determinata circostanza ti ritrovi ad essere il responsabile, non puoi permettere che il tuo stato emotivo condizioni la tua giornata ed il tuo rendimento dal momento che, indirettamente, le tue scarse performance o il tuo pessimo umore potrebbero avere un impatto negativo su quelle dei tuoi sottoposti o dei tuoi dipendenti e sulla buona riuscita dei progetti di cui ti occupi. E qui non stiamo parlando solo di amministratori delegati o dirigenti di grandi società, oppure di politici e persone di grande successo: l'acquisizione di buone capacità da leader possono costituire un beneficio per chiunque sia responsabile del lavoro e del benessere di altre persone, per chiunque abbia il dovere di badare e vigilare su altre persone. Insegnanti, maestri, dirigenti, genitore, chiunque abbia a che fare con bambini o adolescenti: dimostrare, concretamente e con i fatti, di possedere una buona dose di autocontrollo, di tenacia e di costanza costituisce una garanzia per essere persone affidabili di cui gli altri di fidano.

Un esempio vale più di mille parole: non possiamo pretendere dagli altri ciò che noi stessi non siamo in grado di portare a termine: in molti casi si rivela inutile sapere molto bene cosa fare, conoscere a menadito la teoria quando non si possieda la forza mentale e la volontà necessari a portare a termine un impegno fino in fondo. La costanza, la concentrazione, il controllo...sono tutte qualità fondamentali da sviluppare per ottenere successo nella propria vita personale e lavorativa, qualunque sia il nostro settore. Molto spesso persone brillanti e preparate, dalle potenzialità sconfinate, operano su sé stesse una vera e propria opera di sabotaggio, impedendosi di mettere a frutto le proprie doti naturali e le proprie inclinazioni.

Le caratteristiche caratteriali innate e sviluppate a partire dalle nostre esperienze hanno una certa incidenza, non c'è dubbio: ci sono persone naturalmente portate alla calma ed alla concentrazione, predisposte a lavorare a testa bassa ed a portare a termine ciò che hanno iniziato, offrendo un esempio positivo alle persone che hanno intorno e contribuendo a motivarle per il proprio lavoro; al contrario molte persone tendono a divagare, a deconcentrarsi, iniziare mille progetti non portandone a termine nessuno, costituendo un ostacolo ed un elemento di fastidio per gli altri, oltre che per sé. Avere un capo poco costante e risoluto, potrebbe costituirsi come una delle peggiori condizioni di lavoro in assoluto! Tutti possiamo cambiare noi stessi in meglio grazie alla nostra forza di volontà e nessuno deve sentirsi escluso dalla possibilità migliorare e raggiungere i propri traguardi. È estremamente riduttivo sostenere che si nasca leader o gregari: ognuno può lavorare su sé stesso per ottenere l'atteggiamento giusto per affrontare al meglio le circostanze e le sfide che la vita ci pone.

L'autodisciplina per sviluppare l'intelligenza emotiva

Molte delle persone che eccellono nella risoluzione di problemi pratici e concreti, si rivelano piuttosto goffe ed impacciate nelle relazioni con gli altri; oppure capita di incontrare persone dinamiche e di successo che mostrano gravi lacune per quanto riguarda la capacità di ascoltare e comprendere empaticamente il prossimo. Nessuno di noi è perfetto e spesso ad un grande pregio corrisponde un altrettanto grande difetto o incapacità. L'educazione, scolastica e non solo, appare per lo più improntata all'acquisizione di nozioni e allo sviluppo dell'intelligenza logica, quella razionale propriamente detta. Quello che potremmo imputare ai comuni percorsi scolastici è la mancanza di spazio dedicato allo sviluppo della capacità di gestione delle proprie emozioni e di comprensione di quelle altrui. L'empatia si configura come una delle skill fondamentali per avere delle relazioni positive e costruttive con gli altri, siano familiari, colleghi, amici, semplici conoscenti.

Avere la capacità di interfacciarsi con comprensione ed intelligenza all'emotività dell'altro è una delle abilità che ci assicureranno una vita personale e lavorativa armoniosa e priva di conflitti. Resa celebre da un libro dello psicologo Daniel Goleman, l'espressione "intelligenza emotiva" è oggi sinonimo della capacità di comprendere e gestire le emozioni, sia le proprie che quelle altrui al fine di creare con il prossimo un rapporto fondato sull'empatia. L'autodisciplina si configura come uno dei presupposti fondamentali per poter ambire a sviluppare una maggiore intelligenza emotiva nella gestione delle nostre relazioni: solo chi possiede un profondo controllo su di sé e sulla propria sfera emotiva riesce ad analizzarsi con attenzione ed a gestire le proprie reazioni. A chi sia in balia della propria emotività risulta estremamente arduo comprendere la natura delle proprie emozioni e di quelle altrui, come anche di calibrare delle risposte costruttive e positive: esercitare un maggior controllo su noi stessi ci consentirà, come abbiamo visto in precedenza, di prendere tutto il tempo di cui abbiamo bisogno per capire quello che proviamo e non reagire l'impulso, compromettendo, in questo modo, le nostre interazioni.

L'autodisciplina nella vita di tutti i giorni

Chi va piano va sano e va lontano: pensare di poter sconvolgere dalle fondamenta la tua esistenza da un giorno all'altro ti potrà sembrare esaltante ed eccitante, ma non ti condurrà lontano. Lo sprint iniziale andrà scemando in breve tempo e ti ritroverai presto al punto di partenza, anzi starai significativamente peggio, perché saprai di aver fallito nel tuo obiettivo. Prendere di petto i problemi non significa agire in maniera frettolosa e poco organizzata: la pianificazione e la gradualità sono l'unica garanzia di successo nel lungo termine. Sono molteplici gli aspetti della nostra vita quotidiana che possono trarre vantaggio dal possesso di una maggiore autodisciplina: quanti lavoretti hai lasciato in sospeso? Quanti week-end rovinati dall'accumulo di incombenze che avresti potuto portare a termine nel corso della settimana? Quanti disagi ti saresti potuto risparmiare se avessi affrontato per tempo tutti i piccoli problemi che poi sono diventati grandi? Insomma, quanti danni ti ha causato l'attitudine alla procrastinazione?

Essere indisciplinati è una di quelle caratteristiche che danneggia inesorabilmente ogni aspetto singolo della nostra vita, da quelli considerati più importanti come il lavoro e le relazioni personali, a quelli, per certi versi, più marginali, come lo svolgimento dei lavoretti di casa, delle faccende, delle commissioni, dell'organizzazione delle vacanze o delle ferie. Tuttavia, l'autodisciplina può imprimere una svolta estremamente significativa alla nostra vita, anche a partire anche da queste piccole cose: un maggiore controllo ed una maggiore organizzazione ci garantiranno più tempo libero, una maggiore efficienza, un risparmio economico, minore stress ed ansia. Anche tu hai, da qualche parte in casa o in ufficio, la famigerata e temuta lista delle cose da fare? Piccoli impegni che rimandi magari da anni e che non ti decidi mai a concludere. Molte di queste sono sciocchezze, compiti da niente, eppure non trovi mai la forza di volontà per dedicare quel tempo necessario a cancellarle dalla lista. Non rimandare a domani ciò che puoi fare oggi: conosciamo tutti il proverbio, ma quanti di noi lo mettono effettivamente in atto? Dobbiamo imparare a portare a termine i nostri impegni il prima possibile, in modo che non diventino fardelli che possono appesantirci durante il percorso e prosciugare le nostre energie mentali.

È molto celebre in tutto il mondo il metodo elaborato da David Allen, chiamato "Get Things Done" (in italiano, fare in modo che le cose vengano fatte): si tratta di una serie di principi volti ad ottimizzare la nostra gestione quotidiana di impegni ed incombenze e si basa su questi elementi fondamentali:

- elaborazione di un "sistema fidato" che funga da registro e promemoria dei nostri impegni;
- raggruppamento delle azioni non per tipologia ma per luogo di svolgimento;
- non fare distinguo tra impegni personali e lavorativi;
- se un'azione può essere fatta in meno di due minuti va fatta subito
- non essere in balia degli input esterni e delle notifiche, destinare un momento preciso della giornata a processarli;
- fare un resoconto del lavoro svolto durante la settimana e programmare la successiva;
- potrebbe essere un ottimo spunto smettere di procrastinare e cominciare a rendere più

produttive le nostre giornate: i benefici non tarderanno ad arrivare!

L'autodisciplina per ottenere migliori risultati nello studio e nello sport

Far in modo che i bambini ed i ragazzi sviluppino la giusta forza di volontà per portare a termine i loro impegni è una delle preoccupazioni principali di genitori, nonni, insegnanti ed educatori; molto spesso si ha come l'impressione che smuovere i più giovani, spronandoli a dare sempre il meglio di sé nello studio, nello sport e nei vari impegni quotidiani, sia un'impresa titanica destinata, il più delle volte, al fallimento: è difficile spingere i giovani a dedicarsi a qualcosa di diverso dai giochi, dalle uscite con gli amici e dai social networks, ogni età ha la sua attività preferita, che sovrasta tutte le altre. "se ti applicassi saresti uno dei migliori della tua classe!", "se mettessi lo stesso impegno che metti nei videogiochi nella vita reale, saresti bravo a fare tutto!": sono frasi di rimprovero che bambini e ragazzi si sentono ripetere in maniera continua, quando non assillante.

Come abbiamo visto, essere autodisciplinati rappresenta una sfida impegnativa anche per gli adulti che capiscano perfettamente l'utilità di determinate azioni, abitudini, atteggiamenti: pensiamo come possa essere arduo per i più giovani, che magari faticano a comprendere il senso di determinati impegni e si sentono spinti da più fronti e sin dalla più tenera età a svolgere molte attività che ritengono noiose e faticose e delle quali non capiscono l'utilità. Non dimentichiamoci, inoltre, delle differenze che distinguono un cervello di un adulto da quello di un bambino: la corteccia cerebrale del più giovani, infatti, non è del tutto sviluppata, quindi non possiamo pretendere lo stesso autocontrollo e la stessa costanza che potremmo chiedere ad un adulto.

Ciò che occorre sottolineare è che, molto spesso, gli adulti si rivelano assolutamente incapaci non solo di fornire il buon esempio, ma anche di aiutare e supportare i più giovani nello sviluppo di una maggiore autodisciplina e di un maggior autocontrollo, fornendo loro indicazioni su come acquisire un maggiore metodo ed un maggior controllo su sé stessi. Le costrizioni e le imposizioni possono essere, a lungo andare, strumenti assolutamente controproducenti: una attività svolta controvoglia sarà un'attività svolta male, che darà risultati e benefici minimi e che sarà abbandonata non appena ve ne sia l'occasione. L'imposizione rigida e severa di metodo e disciplina sembra configurarsi solo apparentemente come la soluzione più efficace e rapida, anche se punizioni e costrizioni sembrano, in molti casi, essere i soli provvedimenti a portare dei cambiamenti tangibili: molti genitori si giustificano affermando di non avere alternative percorribili e che se anche in quel momento i ragazzi la vivono come una sofferenza, le sapranno apprezzare una volta diventati adulti.

Ciò che bisogna fare per aiutare i ragazzi a dare il meglio di sé è spingerli a trovare in loro stessi la giusta motivazione e la giusta soddisfazione nelle cose che fanno e di cui si occupano; come per ogni altro aspetto della vita, un esempio vale più di mille parole: se il proprio genitore si mostra pigro, svogliato, incoerente ed incapace di portare a termine un qualsiasi impegno, non costituirà di certo un buon modello per i propri figli e sarà inevitabilmente preso poco sul serio quando li spronerà ad impegnarsi di più ed a dare il meglio in ogni attività. Ciò di cui bambini e ragazzi traggono maggior giovamento sono le regole imposte in maniera costruttiva e ragionata: il troppo storpia, bisogna sempre essere attenti a non pretendere troppo, sovraccaricando i giovani con mille impegni ed attività.

Bisogna, inoltre, avere l'astuzia e la lungimiranza di trovare una maniera per far apprezzare certe attività ai più piccoli: gratificazioni e premi sono prospettive che spingono i bambini ed i ragazzi ad eseguire con più piacere e convinzione le proprie attività. Lo studio è, indubbiamente, una delle problematiche principali che i ragazzi, ma non solo, si ritrovano ad affrontare: cosa possiamo fare per vivere nella maniera più serena e produttiva possibile lo studio? Qualcuno la scuola la ricorda con nostalgia, qualcuno, ancora in età adulta, vede i propri incubi popolati da ricordi di lezioni, compiti in classe, paure, angosce, lo stress per la maturità, e così via. Molti adulti hanno vissuto male li anni della scuola e molti ragazzi, oggi, la stanno vivendo male, non c'è dubbio. Ciò che in molti imputano ai propri insegnanti è quella di aver focalizzato il percorso di studio più sulle nozioni che sul metodo di studio; diciamocelo con franchezza, cosa ricordiamo di quello che abbiamo imparato a scuola? Quante formule, poesie, biografie? Poche. Soprattutto al giorno d'oggi, gli insegnanti dovrebbe preoccuparsi di fornire, in primo luogo, un metodo di studio adeguato, fornendo dei criteri e delle pratiche utile per organizzare al meglio i propri impegni, scolastici e non.

L'approccio allo studio deve essere anche opportunamente aggiornato: vivendo in un'epoca in cui moltissime informazioni sono reperibili istantaneamente con il proprio smartphone, un percorso di formazione centrato sulla memorizzazione di mere nozioni risulta essere decisamente obsoleto: a maggior ragione quello che un educatore dovrebbe innanzitutto prendere a cuore è aiutare i propri alunni a sviluppare un'adeguata capacità di concentrazione ed un metodo di studio finalizzato a perseguire i propri impegni con costanza e determinazione. Si parli di studenti dottorandi o alunni della prima elementare, lo studio può presentare spesso fonte di stress e preoccupazione: c'è chi nell'intera vita non riesce a sviluppare un metodo di studio efficace e si trova sempre in preda a scadenza prossime e notti in bianco sui libri. ognuno ha le sue preferenze personali tuttavia vi sono dei suggerimenti di cui chiunque può trarre certo giovamento:

Stabilire una routine quotidiana di studio: programmare la giornata in modo tale che vi sia spazio sufficiente sia per le attività più impegnative che per quelle ricreative.

Creare un ambiente preposto allo studio: ognuno ha le sue preferenze, c'è chi necessita del silenzio assoluto e non può tollerare neanche un vociare lontano, e chi invece cerca il sottofondo della radio o della tv per ottenere maggiore concentrazione.

Non ignorare le scadenze: ritrovarsi con tutto il lavoro da fare in poco tempo è una delle principali cause di scarso rendimento e di stress;

Concedersi delle pause: la mente ha bisogno di riposo e, come abbiamo visto, non è possibile mantenere la concentrazione per troppo tempo;

Gratificarsi per i risultati: premiare i risultati e l'impegno sono un ottimo incentivo per fare sempre meglio.

Molti genitori spingono i figli verso la pratica di varie attività sportive non solo per una questione di salute fisica, ma anche per fornire loro un modo di apprendere ed esercitare la costanza e la disciplina: tre volte alla settimana si va in piscina, il fine settimana si va in bici al parco, dopo l'allenamento ci si fa la doccia e si lavano i capelli, la borsa va preparata dalla sera precedente: sono tutti impegni e routine che giovano alla responsabilizzazione di bambini ed adolescenti. L'attività agonistica può insegnare ai giovani a gestire opportunamente l'ansia, a lavorare in squadra, ad accettare le sconfitte. Una volta cresciuti e svincolati dal controllo ferreo dei propri genitori molti rinunciano a praticare qualsiasi attività, anche nel caso in cui si fossero raggiunti risultati notevoli in un certo sport.

La fine dell'obbligo coincide molto spesso ad una rinuncia totale a qualsivoglia attività: ma come fare ad acquisire la costanza necessaria per portare a avanti nel tempo un'attività sportiva, resistendo alla tentazione di mollare tutto alla prima difficolta? Le palestre ed i centri sportivi abbondano di "frequentatori occasionali": molte persone si iscrivono dopo le feste o prima della prova costume e resistono, ben che vada, per un mese scarso. Approcciarsi allo sport in maniera disciplinata vuol dire innanzitutto fare i conti con la propria condizione fisica e con i propri limiti: iniziare con troppa foga e con un'energia che non potremo mantenere per lungo tempo è uno dei principali motivi che ci spingono a demordere. Stabiliamo, magari avvalendoci del supporto di un coach, un programma realistico e fatto su misura sulle nostre esigenze e sui nostri obiettivi: se siamo in evidente sovrappeso l'obiettivo difficilmente sarà quello di avere dei bicipiti scolpiti: iniziamo un passo alla volta. Cominciamo con il perdere quei chili di troppo, poi aumentiamo la nostra capacità cardio e poi ancora mettiamo su qualche chilo di muscolatura e solo alla fine potremo pensare al risultato estetico che tanto bramavamo. A molte persone proprio non va giù l'idea di fare attività fisica costante: cosa puoi fare per rendere meno gravoso questo impegno? Un'idea può essere quella di fare attività fisica di mattina, togliendoci il pensiero come se fosse un dente cariato: sentiremo quel piacevole e soddisfacente senso di stanchezza fisica accompagnarci tutto il giorno. Chi non si interessa di fitness lo troverà assurdo ma l'attività fisica crea dipendenza: dopo qualche tempo di allenamento costante il nostro corpo attiverà dei meccanismi che ci indurranno a cercare l'attività fisica! Arrivati a questo punto, il gioco è fatto!

Letture consigliate

Come sappiamo, al giorno d'oggi il web rappresenta una grande risorsa per reperire informazioni utili su pressoché ogni argomento: in brevissimo tempo puoi reperire una mole sconfinata di contenuti, qualunque sia il tuo interesse. Ma, come sicuramente saprai, la rete può costituire uno specchio per le allodole nel caso in cui non si abbiamo gli strumenti culturali opportuni per filtrare le informazioni fondate da quelle poco attendibili e fuorvianti. Internet pullula di informazioni relative alla crescita personale: siti, blog, pagine social, canali YouTube; sul web è possibile trovare guru di ogni tipo che ti consigliano su come aumentare la tua autostima, le tue performance lavorative, la tua intelligenza emotiva, ovviamente l'auto-disciplina non fa eccezione. Alcune di queste fonti risultano valide e serie, altre molto meno. Per questo abbiamo selezionato una piccola bibliografia di libri che potrebbero essere d'aiuto ed essere di ispirazione a chi voglia intraprendere un percorso personale con l'obiettivo di raggiungere una maggiore disciplinamento di sé.

"Il Club delle 5 del mattino: inizia presto la giornata, dai una svolta alla tua vita" di Robin Sharma

Robin Sharma è autore canadese celebre in tutto il mondo per i suoi libri sulla crescita e sulla realizzazione personale, molti dei quali si sono rivelati dei veri e propri best-seller. Tema centrale di questo testo è l'importanza di acquisire determinate abitudini per imparare ad essere più produttivi: in particolare l'autore sottolinea la grande importanza di svegliarsi preso la mattina, facendo propria una morning routine che sfrutti al meglio proprio le prime ore della giornata. Svegliarsi presto la mattina, addirittura alle 5:00, è garanzia di una maggiore produttività e di un migliore utilizzo della giornata: dedicare la prima parte della mattina, in cui la maggior parte del resto del mondo dorme o comunque non è operativo al cento per cento, alla meditazione di fronte ad una tazza di tè o ad una moderata attività fisica ci aiuta a valorizzare le nostre doti e, più in generale, a migliorare la qualità della nostra vita.

Abituare il nostro corpo ad essere operativo sin da queste ore può di primo impatto sembrare una cosa insana, specialmente nei mesi invernali in cui a quell'ora è ancora buio pesto, ma successivamente, superato il trauma iniziale e trasformato in routine, ci garantirà di aumentare il carico di attività giornaliere che siamo in grado di portare a termine e dedicare quindi al riposo quelle ore di fine giornata in cui comunque, ostacolati da distrazioni o anche semplicemente dalla stanchezza, non saremmo stati in grado di dare il massimo. Cominciare bene è il primo passo per portare a termine con successo i propri progetti, perché, allora non impegnarsi per cominciare al meglio ogni giorno? D'altronde, il mattino ha l'oro in bocca!

"Grinta. Il potere della passione e della perseveranza"
di Angela Duckworth

Questo libro individua nella forza d'animo e nella costanza i veri ed unici ingredienti fondamentali per il successo, spodestando così quello che da sempre, dalla maggior parte di noi, era considerato l'elemento principale per la realizzazione personale: il talento. L'autrice del libro, oltre ad analizzare la "grinta" e la determinazione da un punto di vista puramente scientifico, riportando i risultati delle recenti ricerche svolte su diverse tipologie di performance, arricchisce il testo con le testimonianze di decine di persone che grazie alla loro tenacia, determinazione e perseveranza hanno ottenuto il successo che desideravano, come ad esempio Pete Carroll, noto allenatore di football americano, oppure Bob Mankoff, cartoon editor del New Yorker. Ma il messaggio più interessante che forse questo libro veicola è questo: bisogna sempre far tesoro dei fallimenti e degli insuccessi per ambire alla vera ed autentica realizzazione personale.

"Il potere delle abitudini: come si formano, quanto ci condizionano, come cambiarle" di Charles Duhigg

Con questo interessante saggio, il giornalista statunitense Charles Duhigg affronta l'articolato e complesso tema delle abitudini. Offrendoci una panoramica generale sulle attuali conoscenze psicologiche e neurologiche sull'argomento, l'autore espone quali siano le dinamiche che si trovano alla base della creazione delle abitudini, al fine di sviluppare un maggiore controllo su di esse ed utilizzare questa grande capacità innata a nostro vantaggio, individuandone gli indubbi pregi ma anche i potenziali problemi. Le abitudini sono reazioni più o meno inconsapevoli che il nostro cervello memorizza e mette in atto in un processo automatizzato, al fine di dare una risposta ad un determinato stimolo di tipo fisico, emotivo o mentale: la nostra mente agisce in questo modo con l'obiettivo di risparmiare energia e per consentirci l'attuazione di reazioni che risolvano rapidamente una situazione nota. L'autore ci mette in guardia: le abitudini possono trasformarsi in dei veri e propri punti deboli, che ci impediscono di affrontare di petto un problema, o addirittura, ce ne creano di peggiori.

Tuttavia, non dobbiamo guardare alle abitudini come ad una condanna: è possibile, con impegno uscire dal loro circolo vizioso: l'autore cita l'esempio di Mandy, una ragazza che, non riuscendo a smettere di mangiarsi le unghie, si rivolge ad uno psicoterapeuta; seguendo le sue indicazioni riuscirà a non ripetere più il gesto grazie ad una cosiddetta "risposta concorrente", ovvero quando avrebbe sentito l'impulso di mangiarsi le unghie avrebbe messo le mani in tasca stringendo i pugni.

"La regola dei 5 secondi" di Mel Robbins

L'autrice di questo testo racconta come, in un momento di grande difficoltà personale, abbia sviluppato un particolare meccanismo di reazione agli eventi della vita: una volta ottenuti i benefici, ha deciso di condividere la sua ricetta per la risoluzione dei problemi, grandi o piccoli che siano, con il mondo. Il conto alla rovescia da 5 a 1 è uno "stratagemma" che ci permette di interrompere l'abitudine ad esitare ed a dubitare della buona riuscita di ciò che dobbiamo fare e ci costringe a concentrarci solo sull'azione compiere, prescindendo dalle insicurezze che ci tormentano e ci impediscono di andare avanti; agire senza esitare ogni giorno, con coraggio e consapevolezza, accresce la nostra autostima e ci garantisce, con il tempo, di fare esperienze sempre nuove, che magari fino a quel momento abbiamo solo sognato di fare poiché non ci siamo mai ritenuto all'altezza. Inoltre, concentrarci sui pensieri positivi a dispetto di quelli negativi ci aiuta a sconfiggere l'ansia e, a poco a poco, ci abitua ad essere più sicuri di noi stessi e della riuscita delle nostre azioni; alimentare le relazioni sociali avendo più coraggio di dire ciò che si pensa ci aiuta a rendere i rapporti con le persone che frequentiamo ogni giorno sempre più autentici e profondi. Queste sono alcuni degli ingredienti della regola dei 5 secondi, che ci permette di dare un taglio netto ad una vita limitata da esitazioni, rimpianti e stagnazione.

"Mindset. Cambiare forma mentis per raggiungere il successo" di Carol Dweck

Con questo testo, l'autrice si sofferma sul problema della staticità mentale, un atteggiamento che può apparentemente sembrare innocuo ma che, in realtà, influenza negativamente il nostro processo interpretativo, rendendolo estremamente ripetitivo e limitato. Nel libro vengono proposti degli esempi di alcuni modi di fare sterili ed improduttivi e viene fatto notare come questi abbiamo come comune denominatore un'eccessiva fretta di giudicare e di lasciarsi quanto prima i problemi alle spalle. Se, al contrario, ci abituassimo a riflettere ed a gestire ogni cosa avvalendoci di un approccio quanto più dinamico possibile ed analizzassimo ogni singola situazione sotto molteplici prospettive, otterremmo un modo di fare molto più efficace e positivo, poiché renderebbe possibile un continuo apprendimento e una ricerca di soluzioni sempre più costruttive.

"Se solo potessi" di Max Formisano

Con questo libro l'autore riflette sulla reale volontà di lavorare sodo per ottenere la propria felicità: ciò che spesso la maggior parte delle persone non è disposta a fare per ottenere la propria soddisfazione e la propria realizzazione personale è mettere in conto la necessità dell'impegno e del sacrificio. Molte persone non comprendono, oppure non vogliono comprendere, che per ottenere qualcosa che non sono mai riuscite ad avere è necessario dare qualcosa in più rispetto ai tentativi precedenti e, allo stesso modo, per essere qualcuno che non sono mai state, è necessario convincersi di aver bisogno di qualcosa di nuovo e cominciare a perseguire nuovi obiettivi, siano essi fisici o mentali. Questo testo tratta dello spinoso concetto di "dover dare per avere", affrontando il tema in maniera schematica; il libro infatti si presenta con una forma simile a quella di un manuale, arricchito con delle domande alle quali il lettore può riuscire infine a dare delle risposte, attraverso un accurato esame della propria mente e della propria personalità.

Conclusione

"La forza di volontà attraversa anche le rocce" - Proverbio giapponese

L'autodisciplina, come abbiamo più volte ribadito nel corso della trattazione, consiste nella capacità di perseguire i propri obiettivi personali con costanza e convinzione, imparando a non essere soggetti a condizionamenti provenienti sia dal mondo esterno sia da quello interno: la forza di volontà non sarà misurabile in maniera precisa e netta come la prestanza di un bicipite, ma è ugualmente allenabile e rafforzabile; il suo potenziamento può aprirci la strada a risultati che neanche immaginiamo! Aumentare la tua autodisciplina ti consentirà di raggiungere i tuoi obiettivi personali, di lavorare sodo anche quando sarai stanco o di cattivo umore, mantenendo salda la tua concentrazione fino a quando non avrai raggiunto la tua meta.

Con l'autodisciplina tu potrai sancire in maniera decisiva il tuo controllo sul corso degli eventi della tua vita, almeno per ciò che concerne quello che puoi, realisticamente, controllare. L'autocontrollo è una condizione imprescindibile per diventare resilienti, per essere resistenti alle avversità e reagire alle delusioni con positività, senza farsi mai abbattere. È inevitabile che vi sia una componente caratteriale di fondo che condiziona l'atteggiamento che assumiamo nei confronti degli eventi, delle altre persone e della vita in generale: tutti noi sappiamo che, fin dalla più tenera età, i bambini manifestano le proprie peculiarità caratteriali, ancor prima di imparare a parlare o sviluppare un pensiero strutturato.

Non è ancora chiaro quali siano i fattori che determinano il carattere di una persona, o comunque quale sia l'incidenza dei diversi elementi che supponiamo essere decisivi nella delineazione dei tratti caratteriali: genetica, ambiente, vita intrauterina, traumi, stimoli esterni; di certo non brancoliamo totalmente nel buio, soprattutto grazie alle incredibili scoperte negli ultimi decenni, ma siamo comunque piuttosto lontani dalla definizione di un quadro chiaro e definitivo. Ci sono delle persone che nascono con una tale prorompente forza interiore e determinazione che spesso si fa fatica a capire da dove venga fuori! Ma la strada successo e della realizzazione personale non è riservata solo a chi sia dotato di particolari doti naturali; anche se le nostre caratteristiche caratteriali ci rendono apparentemente deboli e poco costanti, poco assertivi e poco decisi, non dobbiamo demordere!

Tutti noi possediamo una forza interiore che deve solo essere svegliata e guidata verso la sua massima espressione: non lasciare che sia la fortuna oppure il caso a determinare il tuo destino, prendi in mano la tua vita e dirigila dove vuoi tu! Sembra un'affermazione paradossale per certi versi, ma educarsi all'autodisciplina, all'autocontrollo, al pieno possesso di sé si è rivelata la strada maestra per garantirsi la vera libertà: la libertà dai vizi, dalla debolezza, dalla dissipazione della propria energia, dalla confusione mentale, dal caso, dagli altri. La capacità di indirizzare tutte le nostre risorse all'ottenimento di un preciso scopo che sappiamo essere, per noi, il più appagante, può essere considerata come una delle massime espressioni di libertà che l'uomo possa mettere in atto.

L'autodisciplina non si compone di una serie di precetti, di regole fisse o di contenuti specifici ai quali dobbiamo attenerci scrupolosamente: dobbiamo intenderla con un atteggiamento che ognuno di noi plasmerà a seconda delle proprie esigenze personali, delle proprie specificità caratteriali, delle proprie ambizioni. A seconda dei nostri obiettivi personali la applicheremo, infatti, nella maniera che troviamo più utile e congeniale. L'importante è essere sempre in condizione di controllarsi, che ogni nostra azione o reazione sia sottoposta al vaglio, al controllo vigile della nostra consapevolezza e razionalità; e qualora ritenessimo un comportamento errato o dannoso, dobbiamo acquisire la forza necessaria per contrastarlo o comunque gestirlo al meglio. Possiamo, metaforicamente, guardare alla vita come ad una lunghissima corsa: non abbiamo chiesto noi di partecipare, non abbiamo compilato nessun modulo di iscrizione eppure ci troviamo in gara. A questo punto possiamo decidere tra due diverse opzioni: sederci a bordo pista e guardare gli altri partecipanti correre oppure raccogliere la sfida e prendere parte alla gara.

L'autore consiglia...

Linguaggio del Corpo: Come capire le persone e i loro comportamenti attraverso la comunicazione non verbale (Comunicazione Persuasiva Vol. 1)

Grazie a questo libro, scoprirai come analizzare da testa a piedi chi hai di fronte e interpretare correttamente i segnali involontari provenienti dal suo corpo.

Imparerai come decifrare il nostro linguaggio segreto, quello che non mente mai, anche se gli altri cercano di nascondere i loro segreti.

Pensa come sarebbe diversa la tua vita se riuscissi a capire al volo cosa pensano gli altri, semplicemente guardando in che posizione si trovano o ascoltando il loro tono di voce!

Inoltre, potrai utilizzare il linguaggio del corpo a tuo vantaggio per stringere amicizie, creare rapporti profondi, superare qualsiasi colloquio di lavoro ed accrescere il tuo livello di energia.

Ecco cosa scoprirai all'interno di "Linguaggio del Corpo":

- Quali sono i dettagli a cui prestare attenzione durante una conversazione

- Come analizzare i gesti, le emozioni e le espressioni involontarie delle persone

- Le tecniche usate da psicologi e psicoterapeuti per capire all'istante la personalità di chi ti sta davanti

- Come convincere gli altri a farti dei favori in modo etico, semplicemente tramite il tuo linguaggio del corpo

- Come capire cosa pensano gli altri di te, decifrando i micro-segnali del loro viso

- Come correggere il tuo atteggiamento e fare una migliore impressione, con chiunque

- Come comportarsi durante un appuntamento galante e stabilire con certezza se un ragazzo/a è interessato/a a te

- Come smascherare un bugiardo in pochi secondi...

L'obiettivo di questo libro è di dare consigli **PRATICI** ed **APPLICABILI** sulla comunicazione non verbale, attraverso le migliori strategie tutt'ora in uso dagli psicologi più famosi al mondo. All'interno troverai tecniche, esempi ed esercizi che ti trasformeranno in un maestro della comunicazione, anche se stai partendo da zero.

Che tu sia un impiegato, un dirigente, un imprenditore, un insegnante, un medico o anche semplicemente un genitore, questo libro ti sarà utile per prendere il controllo delle tue interazioni e migliorare le tue relazioni lavorative o personali...

Se vuoi saperne di più, puoi trovare il libro "Linguaggio del Corpo" di Vincenzo Colombo su Amazon.it o nelle migliori librerie!

Psicologia Nera: Manuale di Persuasione Avanzata e Manipolazione Mentale - come coinvolgere, convincere e persuadere (Comunicazione Persuasiva Vol. 2)

Ecco come convincere gli altri a fare ciò che vuoi, senza essere scoperto...

In questo libro, troverai le esatte tecniche e metodi pratici per persuadere, guidare e controllare la mente delle persone. Ottenere quello che vuoi dagli altri non è solo possibile, ma è anche facile e molto più veloce da imparare di quanto tu creda.

La maggior parte dei libri su questo argomento promette chissà quali trucchi infallibili di controllo mentale... "Psicologia Nera", invece, contiene solo metodi scientificamente provati, presi in prestito dai ricercatori, negoziatori e marketers migliori del mondo.

Fin dall'alba dei tempi, infatti, gli esseri umani cercano di influenzarsi a vicenda. Attingendo a quasi vent'anni di ricerche dei migliori studiosi di psicologia, questo libro ti mostrerà come cambiare completamente le opinioni delle persone grazie a manovre mentali subliminali e invisibili.

Otterrai una conoscenza della psicologia umana che in pochi possiedono. Ed è
questo "superpotere" che permette alle persone di successo non solo di ottenere ciò che vogliono, ma anche di attirarlo nella loro vita senza muovere un dito.

All'interno di "Psicologia Nera" scoprirai:

- Come controllare in modo semplice ed efficace le decisioni degli altri senza usare la forza o l'arroganza

- Come piantare un'idea nella testa del tuo interlocutore, senza che se ne accorga...

- Come analizzare e controllare i comportamenti delle persone

- Come scoprire i pensieri del tuo interlocutore "leggendo" i segnali del suo corpo e le sue reazioni...

- Le tecniche per creare uno stato mentale in cui le persone sono pronte ad accettare le tue idee

- Il metodo per diventare irresistibile agli occhi degli altri...

- Frasi, parole e tecniche di linguaggio per persuadere e influenzare chiunque

- Come comunicare le tue idee, il tuo pensiero e le tue opinioni in modo persuasivo e convincente, in qualunque situazione...

- E molto altro!

Imparerai come ottenere ciò che vuoi in modo semplice, senza apparire scontroso, manipolatorio o arrogante. Una capacità di persuasione di questo livello renderà la tua vita incredibilmente più facile, poiché sarai in grado di comprendere la psicologia umana anche nei suoi aspetti più oscuri.

Se vuoi saperne di più, puoi trovare il libro "Psicologia Nera" di Vincenzo Colombo su Amazon.it o nelle migliori librerie!

www.ingramcontent.com/pod-product-compliance
Lightning Source LLC
Chambersburg PA
CBHW030912080526
44589CB00010B/262